消された王権・物部氏の謎

オニの系譜から解く古代史

関 裕二

PHP文庫

○本表紙図柄＝ロゼッタ・ストーン（大英博物館蔵）
○本表紙デザイン＋紋章＝上田晃郷

ム＝多神教の強い影響を受けて誕生したものであった。

一神教の世界から見れば、教義も教典もないこのような信仰は、原始的な宗教ということになろうが、多くの渡来人が流入した日本にとって、このような信仰形態を崩さなかったことが逆に幸いしたと考えられるのである。

列島の先住民・縄文人と渡来人は、決定的な衝突がないままに、棲《す》み分けと共存を実現し、弥生人が誕生する。また、八～九世紀、縄文人の末裔《まつえい》・東北蝦夷《えみし》に対し、朝廷は蝦夷教化の大義名分で武力鎮圧を企《くわだ》てるが、この事件でさえ、蝦夷殲滅《せんめつ》が目的ではなく、本音は領土の拡大と蝦夷に対する恐怖心がないまぜになって起こされたものだった。幸い蝦夷側の恭順《きょうじゅん》によってけりはつき、こののち朝廷は蝦夷を優遇し懐柔《かいじゅう》してゆく。

唯一絶対の神をいただく一神教の民族とは違い、そこかしこに神のいる日本人にとって、唯一絶対の正義という発想は芽生えにくく、正義をめぐる争いは起きにくかったのである。この結果、他の民族、他の宗教を鷹揚《おうよう》に受け入れるという、きわめて特殊な体質を培《つちか》ってゆくのである。

東アジアの文化、文明、民族の吹きだまりとなった地勢上、この日本人の特性は有利に働いたといえよう。宗教だけではなく、律令《りつりょう》制度や多くの文化、文明を、何の抵抗もなく受け入れ、むしろ積極的に体内にとり込む習慣がしみついてゆくのである。

やがて近世から近代に入り、日本が欧米列強の砲艦外交の前に屈し、門戸を開放しながらも植民地化を免《まぬが》れたのは、西洋文明を吸収するのにさほど時間のかからなかったことと無縁ではあるまい。

もちろん、このとき強烈に焼きつけられた西洋文明に対するコンプレックスは、日本人の深層心理に刻み込まれ、その裏返しとしてアジアに対する暴挙が生み出されたことを反省する必要があることはいうまでもない。

しかしほんとうの問題は、近代日本が本来もっていた〝あいまいさ〟を恥じ、西洋の掲げた一神教的な〝正義〟を鵜呑《うの》みにし、これをアジアに押しつけたことにあったのではなかったか。

すでにふれたように、古来日本には唯一絶対の神がなかったからこそ、排他的で攻撃的な正義などという大それた代物《しろもの》はなかった。日本人にとって神はみずからを守る大地であり、また災難をもたらす祟《たた》り神でもあった。人々はひたすら神から与えられる恵みに感謝し、神の怒りを恐れ、鎮魂《たましずめ》の祭礼を繰り返したのである。

彼らにとって、海の外からやって来る新たな宗教は、八百万の神のもう一つの神にほかならず、これを拒否する必要性はなく、当然共存という道を選んだのである。

このような穏やかな宗教観が、今日につづく日本人の〝あいまいさ〟につながっているとするならば、むしろ我々はこれを誇りとすべきであろう。民族紛争、宗教戦争に彩られてきたこの世界の歴史に鑑《かんが》み、これからの地球を思うとき、この〝あいまいな発想〟こそ、最も求められてくる宝物と思われるからである。

本書は、いままで顧みられなかったこのような〝あいまいな国・日本〟の姿を、古代にさかのぼって探ろうとする一つの試みである。そして、そのために選んだサンプルが、古代最大の豪族・物部《もののべ》氏なのである。

『日本書紀』が認めるように、物部氏は天皇家が登場する以前のヤマトの大王家《おおおみけ》であった。そしてヤマト朝廷成立後、八世紀初頭にいたるまで、物部氏が重大な発言権をもちつづけたように、天皇家と物部氏という二つの王族はあいまいなかたちで共存の道を選んでいたのである。

ところが、物部氏の衰弱後、彼らは鬼のレッテルを貼《は》られ、かつてのヤマトの大王家は、八世紀、歴史の敗者として、神・天皇の対極の存在に朽ち果てたのであった。

問題は、もう一つの王権・物部を追い落とした朝廷が、これを完璧《かんぺき》に打ち滅ぼしたわけではなかったことにある。それどころか、鬼となった物部氏は、ここからもう一つの日本＝裏社会を形づくることで、朝廷と対等に渡り合おうとしてゆくのである。そして、彼らのとった生き残りのためのしたたかな手段、それが、物部氏を没落させたはずの天皇に接近することであった。

なぜ鬼と化した物部氏は、神の子・天皇を選び、逆に天皇は鬼の接近を許したのであろうか。

ここに、あいまいな日本の行動原理が作用したとしか思えない。鬼は神に近づくばかりでなく、神と同化し、境界線のないあいまいな領域で結びついていってしまったからである。この結果、〝天皇〟は唯一絶対の正義をもった支配システムではなくなり、あいまいなかたちで鬼を支配し、逆に支配されるという循環する王権となっていったと考えられる。

では、なぜこのような奇妙な王権ができ上がってしまったのだろうか。

答えは、物部氏と鬼の活躍に注目することで見出されるはずである。あいまいな日本の正体、鬼の物部氏と神の天皇家の不思議な関係を探ってみたい。

消された王権・物部氏の謎〔目次〕

はじめに

第1章　循環する王権システム…………17

第2章　祟る神・入鹿の謎……43

第3章　神の一族・物部と出雲の正体……………81

第4章 ヤマトを建国した鬼の正体……121

第5章 もう一つの鬼の国・伽耶と天皇家の秘密……155

第6章　鬼がつくった永続する王権……191

編集協力/㈲ホソヤプランニング

第1章

循環する王権システム

コラム――昭和天皇の鷲鼻

天皇家はユダヤからやって来た、という説が一時もてはやされた。昭和天皇の「鷲鼻《わしばな》」さえも、「有力な証拠」として取り上げられる始末であった。

またこんな話もある。伊勢の外宮《げくう》から内宮《ないくう》に向かう参道にカゴメ（籠目）紋《もん》の刻まれた石灯籠が並んでいて、これはユダヤのダビデ王の紋章にほかならないというのだ。

このダビデ紋が曲者《くせもの》で、じつに胡散臭《うさんくさ》い背景がある。灯籠がつくられたのは、戦後すぐのこと。それ以前にカゴメ紋があったのかどうか、定かではない。一説には、敗戦直後、アメリカのご機嫌をとるために、皇室とユダヤの因縁を暗示する工作が行なわれたのではないか、とする。

一見、荒唐《こうとう》無稽《むけい》に思える説だが、案外、これが無視できない。というのも、当時、「カゴメ紋」は伊勢神宮だけではなく、栃木県でもつくられていたらしく、何者かが確信犯的に、「カゴメ紋」を「捏造《ねつぞう》」していた疑いは捨てきれないのである。

旧陸軍の軍人には、日ユ同祖論を大真面目《まじめ》に語る者がいて、日本の「世界制覇の正当性」をしきりに訴えていたし、敗戦後の日本で、皇室を守ろうとした人々のなかに、このような都合のいい説が頭の片隅になかったとはいい切れないからである。

それはともかく、ここで指摘しておかなければならないのは、昭和天皇の「鷲鼻」について、である。

昭和天皇の「鷲鼻」は、はたして天皇家の始祖、日ユ同祖論者がいうところのユダヤ人の遺伝を引いているからなのだろうか。

じつをいうと、このような問いかけをすること自体、「系図」がつくりだした幻想、錯覚に騙《だま》されている証拠なのである。

一人の始祖からはじまる系図は、始祖を頂点に、ピラミッドを構成する。これが「氏族」という幻想を生み、社会秩序を維持するための手段にもなってきたものだ。

しかし、「私」あるいは「あなた」という一個人、生物としての一つの個体がどのような先祖の血と遺伝子を受け継いでいるのか、を考える場合、その「系図」は、歴史の「系図」とはまったく正反対の形になる。つまり、「私」や「あなた」には父と母がいて、その「父母」にはさらに「父母」がいて……これを図にすると、「逆《さか》さまのピラミッド」が完成するのである。

もし仮に、あなたのご先祖様が「やんごとなきお方」だとしても、本当の先祖は、氏素姓《うじすじよう》のはっきりした「氏族の始祖」などではなく、名も知れぬ「大多数」の人間なのであり、その「何者なのかとんと見当もつかない」人々の愛情と憎しみを背負って、われわれはいまここに立っていることを忘れてはなるまい。

そうであるならば、昭和天皇の鷲鼻の根源など、だれがいい当てることができるだろう。

▼なぜ天皇家は生き永らえたのか？

なぜ天皇家はつぶされることもなく生き永らえたのか——日本史の最もわかりづらい部分の一つである。

盛者必衰《じょうしゃひっすい》の理《ことわり》は、だれもが知る歴史の法則である。それにもかかわらず、天皇家がつねに日本の頂点に君臨しつづけたまま、千数百年の荒波を乗り越えてきたのはなぜだろう。

一般には、発足当初こそ権力を行使したこの一族が、八〜九世紀に入り急速に没落し、実権を奪われ、祭祀《さいし》王という権威となったことが、かえって王家の寿命を延ばした原因になったとも考えられている。

実際、七世紀には蘇我《そが》氏の専横《せんおう》、さらにこの蘇我氏を追いやったのちは、藤原氏が実権を握り、彼らが日本を裏側から操る闇《やみ》の一族と化して、天皇の権威を利用していったことは確かであろう。また中世に勃興《ぼっこう》した武士団も、同じように権力なき権威を活用していったのである。

のし上がった権力者たちにとって、錦《にしき》の御旗《みはた》は権力と権威を同時に身につけることのできる〝打出の小槌《こづち》〟であったと考えられるのである。

だがそれにしても、天皇家が形骸《けいがい》化したとき、なぜこれに代わる別の権威が現われなかったのかという謎は残る。時の権力者は、なぜ天皇家の権威を横取りし、我が物にしようとはしなかったのだろうか。

長い歴史のなかで、天皇家が権力を欲して手を汚し、権威を失墜《しっつい》させたことも一度や二度ではなかったはずである。

もし天皇家が残らなければならぬ必然性があったとするならば、その理由はどこに見出せばよいのであろうか。

じつは、この謎を解く第一の鍵《かぎ》は、天皇家の不可解な祭祀形態にありそうなのである。

▼天皇家の不可解な祭祀

天皇の権威の源は、皇祖神《こうそしん》からつづく血統の正しさ、歴史の古さにある。したがって当然のことながら、彼らの主宰《しゅさい》する祭祀は、皇祖神を対象に行なわれると信じられている。

ところが、実際には、彼らが最も重視しつづけてきたのは皇祖神ではなく、闇の世界でうごめく魑魅魍魎《ちみもうりょう》（さまざまなばけもの）であった気配が強い。

▲三輪山遠望　三輪山の神・大物主神は大和の国魂神でもあった

たとえば、日本最大の祭りで天皇即位と密接な関係にある大嘗祭《だいじょうさい》のなかで、最も高い位置にある神の正体がまったく明らかにされておらず、また一方で、日本で最も神聖な地とされる伊勢神宮には、秘中の秘と語り継がれる不可解な〝心《しん》の御柱《みはしら》〟が存在し、伊勢神宮祭祀の中心にあるが、のちに詳述するように、このどちらにも神話の世界で皇祖神に敗れ去った〝出雲神《いずもがみ》〟の影がちらつくのである。

一般に〝出雲神〟は、八世紀、朝廷の創作した概念であって、実在した人でも、集団を神格化したものでもないとされている。それにもかかわらず、天皇家の出雲重視は異常であった。

大和《やまと》で最大の聖地は三輪《みわ》山の大神《おおみわ》神社だ

が、祭神は出雲の大物主神《おおものぬしのかみ》で、この地では皇祖神・天照大神《あまてらすおおみかみ》を祀《まつ》る檜原《ひばら》神社が摂社《せっしゃ》として社殿も建てられないありさまだった。

古代ヤマトに皇祖神を祀る大きな神社が皆無で、ほとんどが出雲神を祀っていただけではなく、歴代天皇は天照大神のおわします伊勢神宮にあまり関心を示さず、出雲系の神社に詣《もう》でることが多かったのである。

この伝統は明治初期までつづくが、興味深いのは、神武《じんむ》天皇即位の日とされる二月十一日の紀元節、今日、建国記念の日とされる祭りのルーツのことである。というのも、天皇家の誕生日ともいえるこの日、祭祀の中心だったのは、やはり出雲系の神々だったのである。

出雲神といえば、天皇家の祖神らによって征伐されたまつろわぬ者どもであったにもかかわらず、なぜ天皇家は最もたいせつなはずの先祖の祭祀を怠り、出雲神ばかりをこれほど敬《うやま》いつづけたのであろうか。しかも天皇家誕生の祭りに出雲神をもってくることは、どう考えても辻褄《つじつま》が合わないのである。

▼出雲という鬼を祀る天皇家

天皇家の祭祀形態の不可解さは、祀る対象〝出雲〟がまつろわぬ鬼とみなされて

▲大神神社　出雲の大物主神を祭神とする（奈良県桜井市）

いたことにある。

出雲神が鬼であったことは、いくつかの例から割り出すことができる。

たとえば、出雲を代表する神の一人、大物主神は葦原醜男《あしはらしこお》ともよばれ、この二つの名のなかに、〝鬼〟を示す言葉が隠されている。

鬼が〝オニ〟と読まれるようになったのは平安朝以降で、それまで鬼は〝モノ〟〝シコ〟といい習わされていた。したがって、大物主神の〝モノ〟、葦原醜男の〝シコ〟は、鬼そのものであった可能性が高いのである。

大和最大の聖地・三輪山の神は、蛇とも雷ともいわれ、大物主神と同体とされるが、雷といえば虎のパンツをはいて太鼓を打ち鳴らす典型的な鬼の姿を思い浮かべるように、古代、雷は祟《たた》りをもたらす鬼として恐れられていた。

したがって、三輪の雷神・大物主神は、鬼であったことになる。

さらに、『日本書紀』も、出雲神が鬼であったことを認めている。

出雲神話は、高天原《たかまのはら》から追放されたスサノオが国津神《くにつかみ》と同化し出雲を建国した話や、この出雲を天照大神ら天津神《あまつかみ》が譲り渡しを強要した話から成り立っているが、ここで『日本書紀』は、天津神の言葉として、地上界には〝邪《あ》しき神〟がいて、この神々は同時に〝邪しき鬼〟であったとしている。

このとき地上にいた神は出雲神であり、彼らが鬼とみなされていたことは間違いない。

鬼はまつろわず征伐される者。だから天津神に征服された出雲神が鬼であったことは、まったく矛盾《むじゅん》しない。問題は、その後の天皇家の生きざまである。

悪の代名詞〝鬼〟を懲《こ》らしめたあとに、なぜ天皇家は過剰ともいえるほどの畏敬《いけい》の念を、この鬼どもにもちつづけたのであろうか。しかも、この鬼を建国の記念に祀っているのはなぜだろう。

一つの推理として、出雲の怨霊《おんりよう》を恐れ、これを祀ったのではないかと考えることができる。

〝出雲〟は実在しないと一般にいわれるが、たとえそうであっても、天皇家がヤマトに王朝を開くに当たっては、少なからず手を汚し、まつろわぬ者どもを退治したはずだ。

権力を握った者が、その過程で滅びた者たちの遺恨《いこん》を恐れ、これを祀るのは世のつねであろう。

とするならば、天皇家の出雲重視は、滅び去った者の名を正史にとどめることができず、〝出雲〟という架空《かくう》の存在に見立てて祀ったと推理することも可能なのである。

▼祟りにおののく神・天皇家

ただここで〝怨霊〟という言葉を不用意に出せば、そのような概念は『日本書紀』の記されたこの当時、まだ日本には伝わっていなかったという反論が出てくるであろう。

しかし、〝出雲〟が天皇家に祟ったことは、『日本書紀』そのものが認めていることであった。

崇神《すじん》天皇六年の条には、国内に疫病《えきびょう》がはやり多くの人々が死んだこと、農民らが土地を離れ、背《そむ》く者まで現われ、困り果てた天皇は、翌七年、占いによって神託《しんたく》を得ようとしたことが記され、さらにこのとき大物主神が現われ、自分を祀ることを崇神天皇に命令したとある。

天皇はさっそくこの神を祀るが、験《しるし》がない。そこでもう一度大物主神におうかがいを立てると、国がよく治まらないのは大物主神の意志であること、もし子の大田《おおた》田根子《たねこ》なる人物をもって祀らせれば、おのずから世は平らぐ、ということなので、天下に告げて大田田根子を探し出させ大物主神を祀らせたところ、神託どおり世は平静をとり戻したという。

ここでは出雲神・大物主神が明らかに祟っており、また『古事記』は、崇神天皇の子・垂仁《すいにん》天皇の時代の別の話のなかで、

「その祟りは出雲の大神の御心《みこころ》なりき」

と、出雲神が祟り神であることを明示している。

天皇家の異常ともいえる出雲偏重《へんちょう》は、〝出雲神の祟り〟に脅《おび》えていたからであることは間違いないだろう。

天皇家は〝鬼〟の出雲を退治し征服したのち、逆に〝鬼〟の毒気、祟りを恐れる

あまり、皇祖神そっちのけで、鬼の怒りを鎮めることに躍起になったのであった。

▼神と鬼を結ぶ〝モノ〟の意味

神の末裔《まつえい》であり、神そのものでもある天皇が、神ではなく鬼を最も重視し、祀っていた不可解さ。しかも、天皇という王権には、さらに不思議な謎が横たわる。

近年、鬼を祀る神〝天皇〟も、実際には〝鬼〟と同類だったのではないかとする考えが強まっているからである。

神と鬼という正反対の存在が、なぜ同一なのか。そしてなぜ、神が鬼を祀らねばならなかったのか。

じつはこの奇妙な現象のなかに、天皇家の不可侵性をめぐる謎が隠されていたといっても過言ではない。そして、この現象を理解するためには、〝鬼〟とはそもそも何であったかを知っておく必要がある。

そこで注目されるのが、鬼の本来のよび名〝モノ〟なのである。

〝モノ〟は〝物〟であるが、なぜ〝物（物質）〟が〝鬼〟なのかは、現代的な感覚では非常にわかりづらい。ただ〝モノノケ（物怪）〟といえば妖怪《ようかい》、霊などを意味するところから、〝モノ〟は物質であると同時に、〝非物質〟的な要素をもっていたと察しがつく。〝モノ〟はきわめて両面性、あいまいさをもった言葉だったのである。

これを『古語辞典』（岩波書店）で引くと、次のように出ている。

「形があって手に触れることのできる物体をはじめとして、広く出来事一般まで、人間が対象として感知・認識しうるものすべて。（中略）また、恐怖の対象や、口に直接のぼせることをはばかる事柄などを個々に直接に指すことを避けて、漠然《ばくぜん》と一般的存在として把握し表現するのに広く用いられた」

このような説明ではわかりづらいが、要するに、〝モノ〟は物質であると同時に、霊的な作用も含めたこの世に起こりうるすべての現象そのものをさしていたのである。

たとえば、〝物知り〟といえば「物事について知識の豊かなこと。また、その人」（『古語辞典』岩波書店）であったのと同時に、「祈禱《きとう》・占いなどを職とする人」とあるように、きわめて霊的な意味をもっていた。

このような〝物〟をめぐる古代日本人の特異な認識は、多神教＝アニミズムと密接な関係にある。

古代日本人は、生きとし生けるものすべてに霊が宿ると信じていた。そして、路傍に転がる石や、人の発する言葉という現象のなかにさえも、神を見出していたのである。物は物質であると同時に、裏返せばきわめて非物質的であったと述べた理由はここにある。

したがって、もともと〝モノ〟とは、多神教における〝神〟そのものであったと言い換えることも可能なのである。この〝神《モノ》〟が〝鬼《モノ》〟となったのは、多神教における〝神《モノ》〟が、人を守る〝神〟というよりも、むしろ自然の脅威としての〝鬼《モノ》〟の性格が強かったことに起因しているのだろう。

縄文《じょうもん》人の血と信仰を色濃く残したとされるアイヌの祭祀形態は、神からすべての恵みが与えられると考え、神に感謝し、またたびたび襲いかかる自然の猛威でさえ、やはり神がもたらす災いであり、ただひたすら神の怒りを鎮めることに努めたのである。

古代人の信仰も、まさしく大自然や宇宙を神と仰ぎ、畏敬の念をいだきつづけ、できるだけ暴れないようにと祈ったのである。

したがって、人の力では抗することのできぬ大きな力こそ〝神〟であり、〝鬼〟であったということになる。

このように振り返ってみれば、なぜ神であるはずの天皇が鬼であるのか、鬼と称《たた》えられた出雲神が、なぜ別の場所では神と称えられていたのか、が理解できる。どちらも人の力では抑えることのできない恐ろしい存在だったからである。

▼鬼と童子の関係とは？

鬼（天皇）が神（出雲）を征伐し、神（天皇）が鬼（出雲）を祀る。まったく矛盾するかに見えるこのような現象が顕著なかたちで表わされているのが、昔話に現われる〝鬼退治〟説話である。

英雄による鬼退治、これが昔話の主題と思われがちだが、裏側には、鬼による鬼退治という秘密が隠されていたのである。

たとえば、桃太郎、一寸法師、酒呑童子《しゅてんどうじ》といった有名な説話のなかで、鬼を退治する英雄か、あるいはその家来のなかに、かならず童子（子ども、または子どもの身なりをした人）が含まれていることに気づかされるはずだ。

一寸法師は身丈が一寸の子ども、桃太郎は巨大な桃から生まれた小さな子、酒呑童子は討たれる側の鬼だが、征討軍のなかには鉞《まさかり》をかついだ金太郎が入っていた。金太郎の頭はかずらで、もちろん童形《どうぎょう》である。

これらの話がおとぎ話であるため、子どもにおもしろおかしく聞かせるために主人公たちを子どもにしたと考えるのは間違いで、じつは〝童子〟といえば、鬼そのものをさす場合が少なくないのである。

たとえば、京都の高瀬川の上流、八瀬《やせ》の人々が〝八瀬童子〟と称され、天皇家に奉仕する特権をもっていたことはよく知られるが、彼らは〝鬼の子孫〟を公然と名乗りつづけてきた。

なぜ弱い子どもが鬼と目されたのか。このあたりの事情はのちのち重要な意味をもってくるため、鬼と童子の関係についてふれておかなくてはならない。

▲女装してクマソに迫るヤマトタケル

『神々の誕生』（岩波書店）の吉野裕子《ひろこ》氏は、これを易《えき》、陰陽《いんよう》五行《ごぎょう》という視点で、次のように述べている。
すなわち、八卦《はっけ》における童子〝少男（五、六歳～十三、四歳の童男）〟の易の卦は艮《こん》、自然は山、方位は東北（丑寅《うしとら》）となる。東北といえば、いわゆる〝鬼門《きもん》〟であり、〝少男〟は〝鬼〟の方向にあることがわかる。

ちなみに、この丑寅の方角が〝鬼門〟であることから、鬼が虎のパンツをはき、牛のような角を生やしていたともいわれるが、それはともかく、陰陽五行という大陸的な発想が日本に入り込む以前から、子どもが神に近い存在と考えられていたふしもある。

出雲神には、荒魂《あらみたま》と和魂《にぎみたま》という両面性があって、前者が天皇家に祟りをもたらす神であるのに対し、後者は天皇家を守る神とされている。

この神の両面性は、神と鬼の両面性でもあるが、人間にもこの両面性があって、童子が若く生命力のあふれた荒魂であるのに対し、翁《おきな》は穏やかな和魂と考えられていた。

たとえば、ヤマトタケルはクマソ退治、東国征伐と縦横無尽の働きをするが、そのきっかけは父・景行《けいこう》天皇にとって手に負えぬ乱暴者であったために、宮中から外に出されたという経緯《いきさつ》があった。

つまり、ヤマトタケルは荒魂をもった人であったが、ヤマトタケルをさして、〝日本童男《やまとおぐな》〟とよんだ事実は、理由のないことではなかった。ヤマトタケルも童子で鬼だったのである。

またヤマトタケルが、クマソを討つに際し女装して騙《だま》し討ちをしたことはよく知られるが、『古事記』には、結んだ髪を梳り垂れ《くしけず》、童女の姿となったとある。梳り垂れるとは髪に櫛《くし》をさし垂らすことで、これも神に仕える人特有の姿であり、童女となったとあるのは、ヤマトタケルがクマソという鬼を退治するために鬼と化したことを証明している。

ちなみに、古代人は〝櫛〟を霊的な意味をもった装身具と考えていて、神の名のなかに〝櫛〟の字が用いられることがあるのもこのためで、その起源をさかのぼると、遠く縄文時代に行き着くことが知られている。

▼天皇と鬼

それはともかく、これらの例をもってすれば、鬼退治の英雄が鬼であったことがわかり、また、この鬼を差し向けた天皇も、やはり鬼であったことになる。

つまり、権力側にいようと、またその逆の立場にいようと、一般の人々から見て人を超える力を発揮するものは鬼とみなされたということなのだ。

もちろん、アニミズム、多神教という視点でいえば、鬼は同時に神でもあったことを忘れてはならない。

大和岩雄《おおわいわお》氏は『鬼と天皇』（白水社）のなかで、天皇と鬼の関係について三つの例を引いて述べている。

「一、天皇に対する存在、『まつろわぬもの』としての蝦夷《えみし》や酒呑童子のような鬼。

二、鬼を討つ側の天皇権力としての鬼。

三、天皇権力の側に居たものが権力から追放されてなる鬼。

の三例がある。

一は権力に対立する鬼で、中心に対して周辺、辺境の存在である。二は権力としての見える鬼である。

この権力から追放され、周辺、辺境の存在になった者が、死後、見えない鬼（怨霊）となって二の鬼に祟るのが、三の鬼である。

このように天皇と鬼は、一見、対立的関係にあるようにみえるが、一つの実体の表と裏の関係にある」

じつは、大和氏が指摘するように、鬼と天皇が表裏一体の関係にあったことこそ、天皇家が今日につづいた最大の理由であったのではないかとするのが、近年急速に高まりつつある推理といってよいだろう。

天皇を、たんに聖なる存在と見なすことで、この謎の一族の正体を解き明かすことは決してできない。

天皇家は出雲神の祟りを千数百年もの間恐れつづけたが、一般良民にしてみれば、天皇家こそ神であると同時に鬼であり、祟り神であった。

このことは、良民ばかりではなく、権力者たちにとっても同様だったと考えられる。

また逆に、鬼の一族の末裔《まつえい》とみなされ、あるいは自称し蔑視《べっし》されてきた人々が、社会の最下層に位置しながら、一方で神仏に仕え神聖な役割を担《にな》ってきたのは、彼らが〝神〟に近い存在であったからにほかならない。

鬼の末裔を自称して憚《はばか》らない八瀬童子が牛飼いとして天皇に近侍《きんじ》し、多くの行事に参加していったのはそのよい例であろう。

このように、天皇は表の社会では神として鬼を退治する存在であったが、その実体は鬼を祀る鬼であり、裏の社会では鬼と強い絆《きずな》で結ばれていたらしい。つまり、表の社会を牛耳《ぎゅうじ》る権力者や良民たちにとって、鬼という共通項でくくられる裏の社会は、容易に手を触れることのできぬ魔界であったらしいのである。

▼なぜ無縁の人々は直接天皇とつながったのか？

このあたりの事情を、〝鬼〟〝モノ〟ではなく、〝無縁の原理〟という視点から解き明かされたのが、網野善彦《あみのよしひこ》氏であった。

〝無縁〟の人々とは、俗世間、権力から縁を切られ、あるいはみずからすすんで切った人々であり、支配システムの最下層に位置し、逆に、だからこそ自由な活動を展開した人々でもあった。

彼らの発生は、日本を千年近くにもわたって支配しつづけたシステム〝律令《りつりょう》制度〟と密接な関係にあった。

七世紀後半に誕生し、形だけは江戸時代まで残った律令制度は、基本的に土地の私有を認めず、すべての人民と土地は一度天皇家のもとに集められ、再度分配するというシステムであった。

この制度は誕生したとき、すでに破綻《はたん》が生じ、荘園《しょうえん》などの私有地が激増し、制度の理念は失われてゆくが、最大の土地保有者＝時の権力者（平安時代は藤原氏）の私財で国家が運営された点や、土地に定着した農耕民から税を吸いとり国家の骨組みをつくるという点では、江戸時代へと通じる社会制度となっていった。

したがって、この枠《わく》組みのなかで最も下層に位置するのは、土地に定着せず遍歴漂泊《ひょうはく》し、私有を知らず、私的隷属《れいぞく》を嫌った芸能民、勧進《かんじん》（物乞い）、遊女、あるいは鋳物師《いもの し》、木地屋《きじや》（盆や椀を作る人）、薬売りなどの商工民、職人などといった非農耕民なのであった。そして、これらの人々が〝無縁〟の人々なのである。

すなわち、農耕民でもなく定着民でもない彼らは、農耕民を中心として回る社会から絶縁していたのであり、さらには律令という枠にとらわれることのない人々なのであった。

権力者にとって、このような漂泊の民はじつに厄介な人々であった。主をもたず、流浪《るろう》する彼らに税を強要することが困難だったからである。しかも彼らのしたたかさは、俗世間を嘲笑《あざわら》うかのように、天皇家との強い関係を維持していたことにある。

彼らは通行の自由、税や諸役《えき》の免除、私的隷属からの解放という特権を天皇から引き出させ、さらに神社や天皇に供御《くご》（飲食物等）を献ずる〝特権〟までもっていたのである。

被支配者であり、支配システムの最下層に位置する〝無縁〟の人々が、なぜ頂点にある〝天皇〟と直接つながっていったのであろうか。

その理由は、天皇が律令のなかで、律令の枠からはずされて特別の存在であったことと無関係ではなさそうなのだ。天皇は税をとられず、世のあらゆる罪と罰を免《まぬが》れた。すなわち、〃律令〃という法体系のもとで、天皇と無縁の人々はまったく同様の処遇を受けていたことになる。

つまり、彼らは法律上人間扱いを受けず、そういう意味でどちらも表の社会から忌避《きひ》された人々なのであった。したがって彼らは裏側の社会で結びつき、独自の闇《やみ》の世界を構築していった気配が強いのである。

▼循環する王権は鬼がつくった?

〃無縁〃の人々は供御人の流れを汲《く》み、神仏に仕える者が多く、その身なりは〃異《い》形《ぎょう》〃であり、また〃童子〃であることも少なくなかった。〃無縁〃の人々が〃童子〃であったことは、童子が鬼であったこと、鬼と天皇が表裏一体であったことと重ねてみると興味深い。

〃鬼〃と〃無縁〃、どちらも天皇をめぐる同一の法則によって日本の歴史の裏側を支配し、うごめいていた可能性が出てくるばかりか、なぜ天皇家がつぶされることなくいままでつづいたのか、という問いに対する一つの答えであるように思えるからである。

権力者がいかに天皇家をけむたく思っても、この神の一族の背後には、〝無縁〟の人々というとらえどころのない鬼、闇の勢力が控えていたのである。したがって、天皇をつぶすにはまず裏社会を壊滅させる必要があり、となれば、目に見えぬ敵を相手に戦《いくさ》をするような事態に陥り、収拾のつかない羽目に陥るのは必定《ひつじょう》であった（ちなみに、この闇の社会を本気でつぶしにかかった人物は、歴史上、織田信長ひとりと考えられる。ただ多大の犠牲を払いながら、野望は完璧《かんぺき》になし遂げられたわけではない）。

逆に被支配者〝無縁〟の人々から見れば、みずからの自由な活動が〝天皇〟という権威を根拠にしているのだから、彼らにとって〝天皇〟はかけがえのない存在なのであった。

したがって、彼らがすすんで天皇をつぶそうなどと考えるはずがなく、日本に市民革命という一神教的で独善的な〝正義〟がなかったのは、あるいはこのような経緯が背景にあったからかもしれない。

いわば、〝天皇〟というシステムは、鏡に映した王権であり、また支配のベクトル（方向性）が天皇からはじまり、一巡して天皇に戻ってくるという循環する王権システムでもあったといえよう。

つまり、日本の不思議さが〝天皇〟という現象に凝縮されているのは、日本の支配者がいったいだれであったのか、探れば探るほどわからなくなってくるためであった。それは天皇なのか、時の権力者なのか、あるいは無縁の人々、鬼であったのか――。

この尽きることのない謎に少しでもヒントは存在するのであろうか。そして、このような図式はいったい、いつごろからはじまったのであろうか。

その答えの鍵を握る者こそ、八世紀に鬼のレッテルを貼《は》られた〝モノ〟の一族物部《もののべ》氏なのだが、ここで本題に入る前に、古代史に登場する実在の鬼に視点をあて、少し遠回りをしておきたい。

第2章

祟る神・入鹿の謎

コラム――不思議の国・日本の不思議

不思議の国・日本の最大の不思議は、確固たる宗教観をもたない日本人が、キリスト教を受け付けなかったという一点である。人口に占めるキリスト教徒の割合が一パーセントにすぎない、という現象は、世界レベルで見ても、異常な事態なのである。

日本でキリスト教が布教活動をしなかったわけではない。「非キリスト教世界」で、これほど多くのミッション系の学校（立教大学や青山学院大学など）があるのは、おそらく日本だけであろう。

キリスト教の学校に学び、クリスマスに浮かれる日本人が、なぜキリスト教に無関心なのであろう。

この謎は、じつに多くの示唆《しさ》をわれわれに与えてくれているように思われる。

まず、世界史を理解するためには、「キリスト教」の本質を知る必要がある。

第二次世界大戦も、今日の世界情勢も、キリスト教の発想を当てはめれば、多くの謎がおもしろいように解けてくるからだ。

キリスト教徒に課せられた「義務」は、キリストの教えを広め、すべての人々をキリスト教の「高みに導く」ということである。キリスト教こそが絶対の真理であり、文明の証《あかし》だから、と彼らは考える。

そのために、彼らは「野蛮人《やばんじん》」に恵みを施《ほどこ》し、手をさしのべる。その逆に、キリスト教に逆らう者は、徹底的に叩《たた》きつぶす。彼らが世界中を植民地にしてしまい、その過去を微塵《みじん》も反省していないのは、「キリスト教の正義」という大義名分があったからである。

それはともかく、アメリカにとって日本は「異教徒の国」であり、第二次世界大戦後の日本をキリストの教えで導いた結果、日本は発展したわけである。だからこそ、「真の文明国（キリスト教世界）」＝アメリカを、「異教徒の国」が追い抜いてはならなかったのである。

追い抜かれそうになったとき、アメリカはその理由を探し当てた。異教徒がキリスト教を凌駕《りょうが》しそうなのは、「システム、約束事に欠陥や不公平」があったからにほかならないというのである。

たとえばこれは、ジャンプ競技で日本人が勝ちつづけると、「規則に欠陥があったのだ」として、ルールを変えてくることと同じ論理である。

柔道で白い柔道着に色を付けてしまうのは、キリスト教のルールこそが普遍性《ふへんせい》をもっているのであって、日本の伝統は無視しても構わないかならなのである。逆に日本がキリスト教の伝統を否定すれば、総スカンを食らうことは目に見えている。

もちろんこれは極論であり、目くじらを立てる必要はない。キリスト教が独善の宗教であるという事実を知っていれば、いろいろなことが見えてくるというお話である。

では、なぜキリスト教は独りよがりなのか。そして、なぜ日本人はキリスト教を拒《こば》んだのか。この謎は一神教と多神教の本質の差に起因している。このあたりの事情は、またのちにふれよう。

▼ガゴウジとよばれる鬼の話

〝ガゴウジ〟という言葉がある。〝ガゴジ〟〝ガンゴジ〟ともいい、れっきとした日本語で、意味は〝鬼〟である。

『広辞苑』には、

がごうじ〔元興寺〕鬼の異称。（中略）鬼のまねをして小児をおどすこと。がごじ。がごぜ。

とあり、この奇妙な日本語がもともとは寺の名に由来していたらしいことがわかる。

奈良県奈良市にある元興寺《がんごう》は、日本で最も古い歴史をもつ由緒正しい寺である。いまでこそ元興寺界隈《かいわい》はガイドブックに紹介され、そぞろ歩く人々の目につくようになったが、ついひと昔前、繁華街を少し抜けた町並みの、まるで人々から忘れ去られたかのような静けさは、なにものにもかえがたいものであった。

いまでも夕闇《ゆうやみ》が迫り、元興寺の山門も閉じられるころ、古びた土塀に沿って歩けば、千年以上もこの寺に住みつづけた魑魅魍魎《ちみもうりょう》どもが目を覚まし、うごめき出す気配が漂う。

元興寺には鬼が出る——いまは昔、人々はこううわさし合ったのであろう。そして、たしかに、元興寺はいまだに不思議な妖気《ようき》をもちつづけている。

この妖気の正体はいったい何なのだろうか。そして、なぜ歴史ある寺の名が鬼の名になりかわって全国に知れわたり〝日本語〟になったのだろうか。

元興寺の元興神《がごぜ》絵馬に記された説明は、おおよそ次のとおりである。

「その昔、元興寺の鐘楼《しょうろう》に悪霊《あくりょう》の変化《へんげ》である鬼が出て、都の人達を随分こわがらせたことがあります。その頃、尾張《おわり》国から雷の申し子である大力の童子《どうじ》が入寺し、この鬼の髪毛をはぎとって退治したという有名な説話があります。

この話から、邪悪な鬼を退治する雷を神格化して、八雷神とか元興神と称することになり、鬼のような姿で表現するようになりました。元興寺にまつわる鬼のことはガゴゼとか、ガゴジとか、ガンゴなどの発音で呼ばれ、日本全国にも伝わっているようです」

この元興寺に残された伝承からは、なぜ元興寺に鬼が出没したのか、その理由を知ることはできない。ただここで興味をひかれるのは、この話のなかに、鬼説話の

▲**元興寺**　南都七大寺の一つで、三輪・法相宗を伝えた(奈良市)

典型的な要素がいくつも残されていることなのである。

たとえば、元興寺にいた邪悪な鬼を退治したのが、紛《まぎ》れもない鬼であったこと、鬼を退治した鬼が、のちに〝ガゴウジ〟という神になったことである。しかも〝ガゴウジ〟は〝童子〟であり〝雷神〟であったことも、まさに鬼特有の現象であった。

したがって、ここであらためて問いなおさねばならないのは、なぜ元興寺に邪悪な鬼が出没したと伝えられたのか、そして、なぜ絵に描いたような鬼説話がこの寺に残り、しかもこれが全国に知れわたるほど有名な話となったのか、ということであろう。

そこで元興寺の歴史をひもとくと、元興

寺をめぐる〝鬼〟の伝承は、どうも想像以上に根が深そうなこと、そして、鬼の一族ともいうべき者どもの怨霊《おんりよう》がこの寺にうごめいていたらしいことが浮き彫りになってくるのである。

▼鬼の寺・元興寺と入鹿という鬼

元興寺の歴史を知るうえでまず興味深いのは、『類聚三代格《るいじゆうさんだいきやく》』（八世紀から十世紀初頭にかけての公文書、官符《かんぷ》を分類別に編集した平安中期の書物）に残された一節である。

「去る和銅三年、帝都平城へ遷《うつ》るの日、諸寺随《したが》って移る。件《くだん》の寺のみ独り留《とど》まる。朝廷更に新寺を造りて、其の移らざるの闕《けつ》を備ふ。所謂《いわゆる》、元興寺是《これ》なり」

つまりこれによると、飛鳥《あすか》の藤原京から平城京へ遷都した際（西暦七一〇年）、寺々はみな新京に移築されたが、元興寺のみが従わなかったので、しかたなく朝廷が元興寺を建立《こんりゆう》することになったというのである。

事実、飛鳥の地には、もう一つの元興寺（飛鳥寺、法興《ほうこう》寺）が現存するが、それにしても、なぜ元興寺は朝廷の方針に逆《さか》らう反骨の寺となってしまったのだろうか。そして、この寺の姿勢とガゴウジという鬼の間には、何か関係があるのだろう

▲藤原京跡　持統、文武、元明、三代17年間の皇居であった（奈良市）

か。

そこで少し、元興寺の歴史を振り返っておきたい。

元興寺は日本初の法師寺として知られる。創建は推古《すいこ》十四年（六〇六）、あるいは推古十七年ともいわれ、異伝が多く、正確な年代は確定できていない。

また、多くの聖徳《しょうとく》太子伝承のなかで、太子建立寺院の一つとしてあげられる例が多いが、これも定かでなく、ただ、太子の親族蘇我《そが》氏が中心になって建てられたことは間違いないとされている。

元興寺が日本最初の本格的寺院であったことの意味は、仏教史的に重要である以上に、政治史という点でも大きな事件であった。

六世紀、仏教を積極的に導入しようとする新興豪族・蘇我氏と、日本古来の神道を守ろうとする物部《もののべ》氏の対立は、仏教に対する物部氏の迫害によって決定的となり、ついには物部守屋《もりや》を蘇我氏と朝廷が滅ぼすことで決着がついたのである。

この結果、国をあげて仏教を信奉する路線が敷かれ、最初に計画されたのが、元興寺建立であった。すなわち、元興寺は仏教推進派の勝利を確認するものであり、また、蘇我氏全盛を象徴する寺院であったということができるだろう。

逆にいえば、この政治色の強い寺院が、こののちに起きる多くの政変劇の犠牲になっていったのは、むしろ当然のことであったが、ただ、この寺が政治目的のみでつくられたかというと、一概にそうともいいきれない。

というのも、元興寺の歴史を描いた『元興寺縁起』には、元興寺建立をめぐる多くの人々の苦難と信仰の強さが語り継がれているからである。それにもかかわらず、この寺の運命を流動する政局が揺さぶりつづけたのは、寺の主が政治権力の中枢にのぼりつめた蘇我氏であったことに起因している。

寺にとっての最初の転機は、西暦六四五年、蘇我入鹿《いるか》暗殺と蘇我本宗家滅亡、いわゆる乙巳《いっし》の変《へん》(大化改新)であった。天皇家を蔑《ないがし》ろにするほどの力をもっていた蘇我氏が乙巳の変で衰弱すると、七一〇年、朝廷は蘇我氏の地盤・飛鳥を捨て、平

▲平城京跡　政治、儀式の場となった大極殿跡（奈良市）

城京に遷都する。このような経緯《いきさつ》上、元興寺が遷都に従わなかったのは理由のないことではあるまい。

つまり、二つに分裂した寺、反骨の寺という元興寺問題は、この朝廷と蘇我氏の確《かく》執《しつ》に端を発していたのであり、神〝ガゴウジ〟の退治したという鬼でさえ、このような歴史に深く根ざしていたのではないかと疑われるのである。

それは、朝廷の圧力に屈しようとしなかった蘇我氏の亡霊であり、飛鳥とともに歴史から捨てられ、忘れ去られていった多くの人々の恨《うら》みだったのではないか、という疑いである。

そこで、七世紀の飛鳥をめぐる歴史をあらためて振り返ってみると、乙巳の変で殺された蘇我入鹿が、日本史上最初に出現した実在の〝鬼〟であったらしいことがわかってくる。つまり、ガゴウジに退治された鬼と入鹿という鬼が奇《く》しくも元興寺で重なってくるのであり、天皇家と鬼の確執、対立という謎が、ガゴウジや入鹿に秘められていた可能性すら出てくるのである。

では、なぜ入鹿は鬼になったのか。そして元興寺の鬼とは何か。謎の迷路に分け入ってみよう。

▼斉明天皇にまとわりつく妖怪

さて、入鹿が鬼と目《もく》されていく理由は、なんといっても乙巳の変（大化改新）の入鹿暗殺シーンと、その後に起きた数々の忌《い》まわしい事件のなかに隠されているように思われる。

中大兄皇子《なかのおおえのみこ》（のちの天智天皇《てんじ》）に斬りつけられた入鹿は、皇極《こうぎょく》（重祚《ちようそ》して斉《さい》明《めい》）天皇ににじり寄り、無実を訴える。動揺した皇極天皇は、息子・中大兄皇子に事態の説明を求めた。

ここで中大兄皇子は、次のように叫ぶ。

「入鹿は上宮王家《じょうぐう》（聖徳太子の子・山背大兄王《やましろのおおえのおう》とその家族。斑鳩寺《いかるが》で入鹿に急

▲『多武峰縁起絵巻』に描かれた入鹿斬殺の場面

襲され、一族もろとも滅亡に追い込まれたとされる）を滅ぼし、天位をうかがっております。天孫《てんそん》の血を、なぜ入鹿に代わられることができましょう」

これを聞いた皇極天皇は、無言のまま奥に引っ込み、入鹿は殺されたのである。

この暗殺劇の陰の主役・中臣《なかとみの》（藤原）鎌足《かまたり》を祀《まつ》った多武峰《とうのみね》の談山《だんざん》神社には、このときのようすを『多武峰縁起絵巻』として残している。ここには打ち落とされた入鹿の首が、皇極天皇めがけて飛んでゆくという、なんともグロテスクな状況が克明に描写されている。

この入鹿の形相《ぎょうそう》を見ても、入鹿の恨みの深さ、入鹿の鬼としての素質がわかるが、問題は、こののち、皇極（斉明）天皇の周辺に起きた奇怪な事件の数々にある。

たとえば、乙巳の変から十年後、『日本書紀』斉明元年（六五五）五月の条には、次のような記事がある。

「空中《おおぞらのなか》にして竜に乗れる者有《あ》り。貌《かたち》、唐人《もろこしびと》に似たり。青き油《あぶらぎぬ》の笠《かさ》を着て、葛城嶺《かつらぎのたけ》より馳《は》せて胆駒山《いこまのやま》に隠れぬ。午《うま》の時に及至《いた》りて、住吉の松嶺《まつのみね》の上より、西に向ひて馳せ去《い》ぬ」

これによると、斉明天皇元年に、竜に乗り青い笠をかぶった者が、葛城山から生駒山に飛び、さらに住吉から西のかなたに飛んで行ったというのである。

この奇怪な唐人風の人物の登場をきっかけに、斉明天皇の周囲には異変がつづく。

斉明天皇七年（六六一）、百済《くだら》救援に向かうため海路についた斉明天皇一行は、途中、九州北部の朝倉宮《あさくらのみや》（福岡県朝倉郡朝倉町山田）に逗留《とうりゆう》するが、ここで朝倉社（麻氏良布《まてらめ》神社とされる）の木を切って宮を建てたために、神が怒り、雷を落として宮を崩したという。

「亦《また》、宮の中《うち》に鬼火《おにび》見《あらわ》れぬ。是《これ》に由《よ》りて、大舎人《とねり》及び諸《もろもろ》の近侍《ちかくにはべるひと》、病《や》みて死《まか》れる者衆《おお》し」

すなわち、宮中に鬼火（人魂《ひとだま》と思って間違いない）が現われたかと思うと、近侍する役人がばたばたと死んでいったというのである。

▼笠を着た妖怪はなぜ住吉に向かったのか？

騒ぎはこれでおさまったわけではない。落雷と鬼火が出現した二カ月後、斉明天皇は朝倉宮で崩御《ほうぎょ》する。そしてこのとき、笠を着たあの唐人が現われるのである。

「是の夕《よい》に、朝倉山の上に、鬼有りて、大笠《おおかさ》を着て、喪の儀《よそおい》を臨《のぞ》み視《み》る。衆皆《ひとびとみな》嗟怪《あやし》ぶ」

ここで『日本書紀』は、斉明天皇にまとわりつく怪人が、〝鬼〟であったことを認めている。この鬼が、朝倉山から斉明天皇の葬儀のようすをじっと見守っていたのを、人々は怪しんだというのである。

『日本書紀』が認めるまでもなく、これら三つの話に登場する不審な輩《やから》は、どれもこれも〝鬼〟としての資格を備えている者ばかりであった。

たとえば、この鬼は〝笠〟を着て登場するが、これはまさしく鬼そのものを意味していた。鬼は身を隠すものと信じられており、したがって鬼を表わすために〝蓑《みの》笠《かさ》〟を着る例は多く、一向宗が一揆《いっき》に際し、やはり蓑笠を着るのは、彼らがまつろわぬ〝鬼〟になったことを表明するためともいわれている。また、朝倉宮には雷が落ち鬼火が現われたが、雷はすでにふれたように鬼そのものであり、朝鮮半島では、鬼火を人をいたぶる鬼とみなしていることは見逃すことはできない。

それだけではない。はじめ件《くだん》の鬼が現われたとき、生駒《いこま》山から住吉へ向かったが、この住吉がやはり鬼とは密接な関係にあった。

余談ながら、この唐人《とうじん》ふうの妖怪《ようかい》が鬼であったことを確かめるために、しばらく鬼と住吉の関係を述べておきたい。

一寸法師が鬼を退治する鬼であることはすでに述べたが、この鬼は住吉大社の申し子でもあったのだ。そして、住吉大社には、この一寸法師とは対照的なもう一人の鬼がかかわっている。それが神話に登場する塩土老翁《しおつちのおじ》である。

塩土老翁（塩筒老翁《しおつつのおじ》とも）は天孫族のニニギや神武天皇に対し、よい土地のありかを教える役として登場するが、一般にこの神は航海の神としての性格が強いとされ、翁《おきな》の姿であったのは、海の男としての豊富な知識を表現しているとも考えられている。ただ塩土老翁が老人であったことには、もっと別の意味が隠されているように思われる。

『日本書紀』のなかでの塩土老翁の役割は、天皇家や天津神《あまつかみ》の先導役を務めること

▲**住吉大社**　オキナガタラシヒメ(神功皇后)を祭神とする(大阪市)

であり、たしかに海の神としての性格が強かった。

たとえば、海幸彦山幸彦《うみさちひこやまさちひこ》神話では、やはり塩土老翁が山幸彦（火遠理命《ほおりのみこと》）を駕籠《かご》に乗せて海神《わたつみ》の宮に送ったとされるが、『日本書紀』はこのとき、塩土老翁が袋から櫛《くし》を出して投げるとそこが竹林となったこと、この竹を切って籠をつくったとあるが、古来、櫛も竹も霊性の象徴と考えられており、塩土老翁の呪術《じゅじゅつ》的な側面を物語っている。

問題は、このような霊的性格が、天皇に害をもたらさない〝和魂《にぎみたま》〟としての〝鬼〟のものであった可能性の高いことである。

童子が若く荒々しい荒《あら》（新）魂《みたま》であるのに対し、老翁は成長し円熟した者の穏やかなさま、和魂として見られたためである。

そして、この和魂の性格をもった鬼・塩土老翁が『住吉大社神代記』で住吉三神（筒男《つつのお》三神）の代役として活躍していること、どちらも航海に深くかかわっていること、〝ツツ〟が共通であることなどから、異名同体であったとする説が有力である。

すなわち、一寸法師にしろ塩土老翁にしろ、住吉大社に鬼がかかわっていた例が多いことは確かであり、このような場所に笠をかぶった鬼が飛んで行ったことは、理由のないことではあるまい。

▼妖怪は入鹿の霊魂だった!?

このように、斉明天皇の身辺に起きた数々の現象のすべてが、鬼を暗示させていたことは確かなことなのである。

それでは、いったいなぜ斉明天皇に鬼がまとわりついたのであろう。そして、鬼の正体はどのようなものであったのか。

そこで『扶桑略記《ふそうりゃっき》』に目を転じると、そこには、『日本書紀』とほぼ同様の記事を載せ、しかも鬼の実名が明かされているのである。

「空中に竜に乗れる者あり。貌《かたち》は唐人に似て、青油笠を着て、葛城嶺《かつらぎのたけ》より、馳《はし》りて胆駒山《いこまやま》に隠る。午時《うまのとき》に至るに及び、住吉の松の上より西を向いて馳《はし》り去る。時の人云ふ、蘇我豊浦大臣《とゆらのおおおみ》の霊なり、と」

この記事は、先の『日本書紀』の記事を補足したもので、件《くだん》の鬼の名は蘇我豊浦大臣であったというのである。

さらに斉明七年（六六一）の夏の条に、次のような記事がある。

「群臣卒尓《そつじ》に多く死ぬ。時の人云ふ、豊浦大臣の霊魂のなす所なり」

ここでも『扶桑略記』は、朝倉山に現われ多くの人々を死なせたのは、豊浦大臣の仕業《しわざ》と断言している。

豊浦大臣といえば、『日本書紀』は入鹿の父・蘇我蝦夷《えみし》のこととし、『先代旧事本紀《くじほんぎ》』は入鹿本人のこととして見解の相異が見られる。

一般的に正史に対する異伝は自動的に誤りとみなされるが、斉明天皇と蝦夷の間にほとんど関係が見出されないこと、入鹿暗殺の経緯から入鹿説をとる例が多く、詳述は避けるが、私見も『先代旧事本紀』の豊浦大臣＝入鹿説をとる。

いずれにせよ、鬼が乙巳の変で滅亡に追いやられた蘇我本宗家出身の人物であったことに変わりはなく、鬼＝入鹿を前提に話を進めたい。

▼なぜ悪人・入鹿が化けて出たのか？

さて、鬼の正体が乙巳の変で滅亡に追い込まれた蘇我本宗家の人物であったこと、しかもこれが斉明天皇の眼前で斬殺《ざんさつ》された入鹿であったらしいことがわかってきたことで、新たな問題が浮上してくるのである。

『日本書紀』の証言を信じるならば、蘇我入鹿は生前、天皇家を蔑《ないがし》ろにし、権力をほしいままにした大悪人であった。このように生前の入鹿がまつろわぬ〝鬼〟であったのだから、討ち滅ぼされたのち再び〝鬼〟となって斉明天皇の前に出没し、これを見た人々が、迷うことなく入鹿の仕業と決めつけたことは、一見してなんの不思議もないように思われる。

しかし、もし〝祟《たた》りの法則〟というものがあるとしたならば、生前悪事を働いてそのために征伐された鬼は、死したのちに人を恨《うら》んで出てくることは、まずありえない。

常識的に考えれば、祟りは祟る側ではなく、祟られる側の心の問題である。祟り神に対して何かしらのやましい気持ちがあって、はじめて祟り神を意識するものであろう。もっと別の言い方をすれば、罪のない人を陥《おとしい》れたことによって、はじめて人はみずから犯した罪の大きさに気づき、祟りを恐れるものである。その点、入鹿は暴虐《ぼうぎやく》な行動を繰り返し、天皇家をつぶして王位をねらおうとしたのだから、これを殺したところで、何の責任も感じる必要はなかったはずなのである。

このあたりの事情について興味深い指摘がある。『扶桑略記』には、斉明天皇が地獄に堕《お》ちたと人々がうわさし合っていたことが記録され、信州善光寺《ぜんこうじ》の縁起にも、同様の記事が残っていることから、五来重《ごらいしげる》氏は『善光寺まいり』(平凡社)のなかで、

「皇極女帝のとき、蘇我入鹿誅滅《ちゆうめつ》というクーデターがあって、大化改新がおこなわれたことへの民衆の批判があったものと私は解している」

と指摘して、入鹿に対する判官《ほうがん》びいきが民衆の間に広まっていたと解釈される。しかし、斉明の地獄行きも、入鹿という鬼の出現の理由も、もっと根の深い問題であったとしか思えない。というのも、入鹿の化《ば》け方、祟り方にそっくりな歴史上の人物がもう一人いるが、この人物は明らかに朝廷に恨みをもって死んでいったからだ。

これが、北野天満宮の祭神として知られ、学問の神となった菅原道真《すがわらのみちざね》であった。

▼菅原道真の怨霊とそっくりな入鹿の霊

なぜ菅原道真が神格化されたのか、いまや知らぬ者はいないであろう。

朝廷の権力闘争に巻き込まれた文人・菅原道真は、一度は右大臣に大抜擢《ばってき》されながら孤立し、ついには讒言《ざんげん》によって大宰府《だざいふ》に左遷させられる。政敵にみごとにはめられたのである。

この地で、

東風《こち》吹かば　にほひおこせよ　梅の花
　あるじなしとて　春を忘るな

と、失意の歌を残し、延喜三年（九〇三）、憤死する。

都で異変が起きはじめたのは、道真の死後二十年ほど経ってからであった。醍醐《だいご》天皇の皇太子が急死し、人々はこれを菅原道真の怨霊の祟りとうわさし合う。天皇は慌《あわ》てて正二位を道真に追贈《ついぞう》し、左遷の詔書《しょうしょ》を捨てさせるが、その後も道真の政敵の縁者は死んでゆく。

▲**北野天満宮**　北野天神、北野神社とも。菅原道真が主祭神（京都市）

最初の異変が起きてから七年後のこと、宮中に落雷があり、大納言を筆頭とする数人が犠牲となった。ショックを受けた醍醐天皇は、これをきっかけに発病し、崩御。パニックに陥った朝廷は、北野（京都市上京区）に北野天神を建立し、道真の御霊《みたま》を手厚く祀《まつ》ったのである。

こうして見てくると、菅原道真の祟り方と蘇我入鹿のそれが瓜二つであることに気づかされるはずだ。疫病《えきびょう》がはやり人々が死んでゆくのを見た人々は、これを入鹿の仕業とうわさし合った。しかも宮に雷が落ち死者が出たことまで、ほとんど同じ現象が起きていたからである。

すでにふれたように、雷神は鬼そのものであった。落雷によって犠牲者が出れば、当然鬼の仕業と考えたのであり、何か過去にやましい思いがある者は、まずその祟りを恐れたのである。

そして、ここで注目しなければならない問題は、菅原道真には明確な祟る理由があったのに対し、入鹿の場合、人を恨む理由がなかった点であろう。

道真の場合は、大抜擢をおもしろく思わぬ勢力が、しだいに包囲網を狭《せば》め、ついに陰謀によって左遷に追い込んだ。しかし、入鹿の死は天皇家に対する暴虐な振る舞いが原因であって、自業自得《じごうじとく》であったというのが『日本書紀』の言い分なのである。

▼入鹿は罪なくして殺された!?

では、なぜ入鹿は祟ったのか。そして、なぜ、斉明天皇が地獄に堕《お》ちたという伝承が残されたのであろうか。

入鹿の祟りを人々が恐れたのは、『日本書紀』の証言とは裏腹に、入鹿には本来、天皇家に殺されるいわれがなかったからではあるまいか。

つまり、五来氏が述べているように、入鹿の祟りはたんなる判官びいきから出たのではなく、時の権力者が実際に入鹿の霊を恐れていたからではないかと疑わざるをえないのである。

恐怖におののく権力者、これは、入鹿に対して行なった仕打ちの裏返しであり、罪の重さを知り抜いているからこそ起きた事件だったといえないだろうか。

神と鬼の逆転が容易に起きることはすでに述べたところであり、神と鬼は本来同一であり、死後鬼と化した入鹿は、その一方で神にもなったはずである。それは、菅原道真が雷神となった鬼と見なされ、その直後に、こんどは神として称《たた》えられた例をもってしても明らかであろう。

▼なぜ祟り神・入鹿は祀られなかったのか？

そこであらためて、入鹿はなぜ人を恨み、鬼となったのかを考えなおす必要が出てくるが、問題は大きく分けて二つあるように思われる。

まず第一に、もしほんとうに入鹿が鬼となって祟りをもたらしたのであれば、『日本書紀』に示された、絵に描いたような悪人像を疑ってかかる必要が出てくることであろう。

朝廷は入鹿を殺すことで実権を取り戻したのだから、入鹿殺しの正当性を述べる必要があり、入鹿の実像を抹殺《まっさつ》したことは十分考えられる。

そして第二に、いま述べたように、入鹿が祟り神と恐れられたのであれば、菅原道真同様、丁重に祀られていたはずである。ところが、朝廷が入鹿を祀った気配はどこにもない。これが納得できないのである。

もちろん、ここで通説に立ち戻り、入鹿が悪人であって、朝廷がこれを祀る必要性を微塵《みじん》も感じていなかったと解釈することもできる。

しかし、このような〝常識〟に強い疑いをいだくのは、『日本書紀』が葛城《かつらぎ》、生《い》駒《こま》を経て住吉に向かった鬼の存在を示しながら、これを入鹿と認めなかったからである。

入鹿が祟って出たことがのちの世に伝わり、入鹿悪人説に対する疑惑が浮上するのを恐れた『日本書紀』が、鬼を入鹿と断定するのを憚《はばか》ったのではないかという推理は、はたして深読みがすぎるであろうか。

しかし、葛城山と生駒山といえば、蘇我氏と密接な関係があり（葛城は蘇我氏本《ほん》貫《がん》の地とされ、蘇我系豪族・葛城氏が地盤をもち、生駒周辺にも、同じく平群《へぐり》氏という蘇我系有力豪族が盤踞《ばんきょ》していた。また、住吉大社も蘇我氏の祖・武内宿禰《たけのうちのすくね》と密接な関係にあったことは、他の拙著で述べたところである）、件《くだん》の鬼を蘇我氏と切り離して考えることはかえってむずかしいのである。

とするならば、『扶桑略記』の証言どおり、入鹿が鬼となって祟った可能性は高く、この事実を『日本書紀』が黙殺してしまった以上、あらためて入鹿悪人説に疑いをもち、しかも入鹿を祀らなかったことに大きな不審の念をいだかざるをえないのである。

したがって、ここでまず行なっておかなくてはならないのは、『日本書紀』が主張する入鹿殺害の正当性がいかなるものであったのか、そして、この証言にうそはないのかを洗いなおすことであろう。

すでにふれたように、入鹿殺害の大義名分を『日本書紀』は、乙巳の変の暗殺シーンで中大兄皇子の言葉を借りて主張している。それは、聖者・聖徳太子の子である山背大兄王《やましろのおおえのおう》とその一族を滅亡に追い込んだことであって、一豪族にすぎぬ入鹿が天皇家の血統を暴力で断ち切ったことは、入鹿が王権をねらっている何よりの証拠だというのである。

ところが、『日本書紀』の示した入鹿暗殺の大義名分、〝聖者・山背大兄王〟という存在には、いくつかの疑わしい行状《ぎょうじょう》が見てとれるのである。

そこで、山背大兄王と蘇我入鹿との間にどのようなやりとりがあったのか、しばらくそのようすを振り返ってみよう。

▼入鹿暗殺の大義名分・上宮王家滅亡事件

山背大兄王と蘇我本宗家の対立は、推古《すいこ》三十六年（六二八）、推古女帝の崩御がきっかけであった。

死の直前、推古天皇は皇位継承候補の二人、田村皇子《たむらのみこ》（天智天皇の父で斉明天皇の夫、のちの舒明《じょめい》天皇）と山背大兄王を枕元《まくらもと》によび出し、次のように語った。

田村皇子には、

「天位に昇って政局を動かし、人民を養うことは、もとより軽々しくいってはならない。つねに重く受け止め、慎むべきである」

一方、山背大兄王に対しては、

「おまえはまだ未熟であるから、もし天位を願っても、口に出してはならない。群《ぐん》臣《しん》の言葉を待ってそれに従いなさい」

と語ったという。

この女帝の微妙な遺言の解釈をめぐり、蘇我本宗家と山背大兄王が対立し、山背の主張は退けられ、蘇我氏の推《お》す田村皇子が即位したのである。

皇位継承争いに敗れた山背ではあったが、ここで諦《あきら》めたわけではない。舒明天皇の死後、皇后の地位にあった宝皇女《たからのひめみこ》が即位し皇極天皇が誕生してもなお、皇位への未練を断ち切れなかったのである。

この当時の朝廷を牛耳《ぎゅうじ》っていたのは、蘇我馬子の子・蝦夷《えみし》であった。そして、蝦夷の後継者として頭角を現わしつつあった入鹿は、次期皇位に古人大兄皇子《ふるひとのおおえのみこ》を推

聖徳太子・蘇我入鹿・田村皇子関係系図

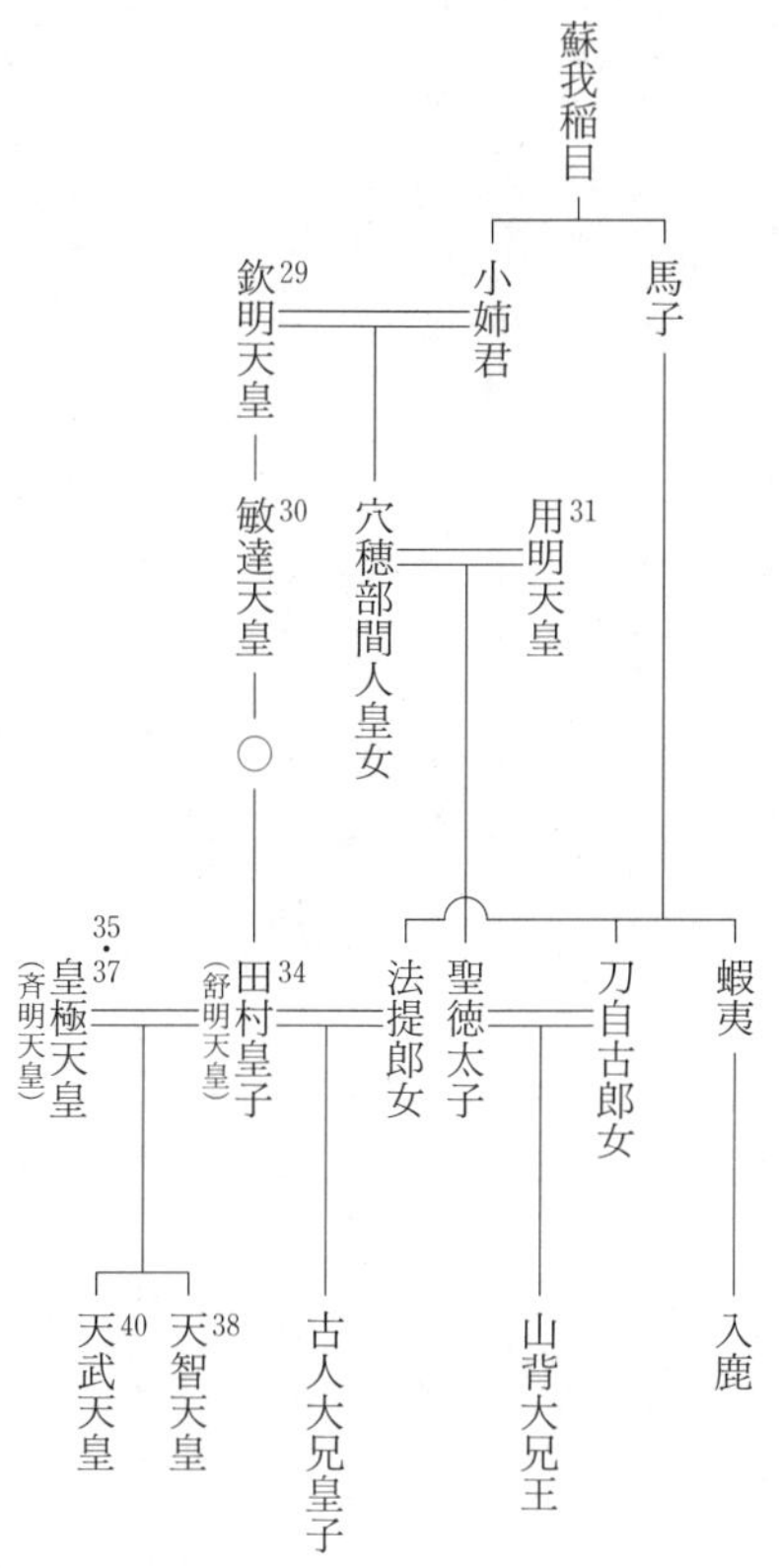

すべく、邪魔になった山背を排斥する野望をいだきはじめたとされている。

悲劇は皇極二年（六四三）十一月に起きた。

蘇我入鹿が斑鳩宮《いかるがのみや》（法隆寺の東隣）を急襲し、山背大兄王を筆頭とする上宮王家を包囲したのである。

上宮王家は宮に火を放ち、馬の骨を置き去って敵の目を攪乱《かくらん》し、一度は生駒山に逃れることに成功する。だが、兵を挙げて決起すればかならず勝てるという進言に対し、山背大兄王は、みずからの身を守るために罪のない人を犠牲にするのはしのびないといい、再び斑鳩宮に戻り、一族自害して果てたのである。

これが上宮王家滅亡事件の経緯であり、このような『日本書紀』の証言を見れば、入鹿の暴虐は明らかなことであった。

▼疑問が残る山背大兄王の最期

ところが、上宮王家滅亡にいたるまでの一連の事件を冷静に見つめなおしてみると、不可解な謎が残されていることに気づかされるはずである。

山背は生駒山に逃れたとき武装蜂起《ほうき》の策をとり入れなかったが、その理由は、罪のない人々を犠牲にしたくないからだとする。このことが、山背が父・聖徳太子に勝《まさ》るとも劣らない聖者と考えられるきっかけとなってゆくが、推古天皇崩御ののち、山背が皇位に固執《こしつ》したことで、多くの犠牲者を出していたことはあまり知られていない。蘇我本宗家と分家が反山背派と山背派に分裂し、舒明《じょめい》、皇極《こうぎょく》と代が替わっているにもかかわらず、流血の抗争がつづいていたのである。

しかもこのとき、山背の言い分はきわめて幼稚なものであった。蘇我の血を引いている自分が、なぜ即位できないのかと、蘇我蝦夷らに泣きついていたのである。

蘇我本宗家が山背の要求を入れず、蘇我の血を混じらせない舒明、皇極両天皇を生み出したことは、むしろ、すぐれた政治感覚を発露したものとして称賛されてしかるべき行動であった。血の論理を楯《たて》にごり押しをした山背のほうがお坊ちゃま貴族であり、このわがままによって抗争が起き、死者を出してしまったことの罪は大きい。

それだけではない。上宮王家の滅亡は、いかにも聖者一族の潔《いさぎよ》い最期《さいご》を想像させるが、奇妙なのは、なぜ山背が一族すべてを斑鳩宮に引きずり込み、太子の血統を絶やすかたちで滅亡の道を選ぶ必要があったのか、ということなのである。

この当時の風習は通い婚であり、男性が女性の家に出向くのが常識であった。したがって子どもは、女性の家で育てられたのである。

とするならば、本来ばらばらに暮らしていた上宮王家は、山背の危機に集められ、しかも自決を強要されたと考えないかぎり、一族が同時に滅びる可能性はなかったことになるのである。

▼なぜ法隆寺は上宮王家を祀っていないのか？

一見瑣末《さまつ》なことと思えるこれらの謎を深く詮索《せんさく》するのは、『日本書紀』の山背関連記事の大方が、入鹿を陥《おとしい》れたことの弁明のために用意された創作ではなかったかと疑われるためである。

その理由の第一は、なんといっても法隆寺で平安時代以前、山背大兄王や上宮王家を祀った気配がほとんどないことであろう。

すでにふれたように、上宮王家は法隆寺の境内で非業《ひごう》の最期を遂げていたはずである。法隆寺はこの事件の直接の目撃者であり、当事者、被害者でもあった。それにもかかわらず、この寺が上宮王家を祀らず、犠牲となった十数人の人々（あるいはそれ以上）のうちのだれ一人として〝墓〟が特定できないのはなぜだろうか。

この法隆寺の謎と関連して興味深いのは、『日本書紀』の山背に対する不審な態度である。たとえば、『日本書紀』のなかで山背大兄王はいかにも聖徳太子の子で

▲**法隆寺**　聖徳太子の建立と伝え、太子信仰の中心となる（奈良県斑鳩町）

あったかのように記されているが、実際には両者の親子関係は明確なかたちで証明されていたわけではない。

『日本書紀』を記した朝廷には、是《ぜ》が非《ひ》でも太子と山背大兄王が親子でなければならない理由があった。それは、入鹿を悪人というためには、入鹿が太子という聖者の一族を滅ぼした証拠が必要だからである。それにもかかわらず、『日本書紀』がこの証明を怠《おこた》ったことに、大きな疑問を感じずにはいられない。

朝廷は両者の関係を書き損じたのではなく書けなかったのであり、親子であったかのように仕向けたのは、巧妙なトリックだったと考えることはできないだろうか。

▼山背大兄王は太子の子ではなかった⁉

さて、ここでもう一度思い返さなければならないのは、入鹿の暴挙の直接の被害者である法隆寺が、上宮王家滅亡後、この一族を祀った気配が薄かったことである。

なぜ法隆寺は山背大兄王を無視したのか。入鹿が鬼と化して人々を震え上がらせたにもかかわらず、この事実を抹殺してしまった『日本書紀』の微妙な態度を重ねてみると、一つの推理があぶり出されてくるのである。

入鹿は死して恨みをいだき人々を苦しめたが、それは入鹿が罪なくして殺された裏返しであり、だからこそ『日本書紀』は入鹿を鬼と認めることができなかった。認めれば、山背大兄王というトリックは崩れ、悪の烙印《らくいん》を押された入鹿の実像を疑うきっかけを与えてしまうからではないか――。

入鹿は陥れられた鬼であり、入鹿を殺し政権を手に入れた朝廷は、大義名分を得るために、実在しなかった山背大兄王というトリックを編み出したのではないかと考えるのである。

たとえば、平安時代に成立した『法王帝説《ほうおうていせつ》』には、このような推理を裏づけるかのような、不可解な記述が残されている。

「後《のち》の人、父の聖王《ひじりのおおきみ》（聖徳太子）ト相《あ》ひ濫《みだ》るトいふは、非《よくもあら》ず」

これによれば、のちの世の人々は山背と太子の親子関係を疑っているようだが、そのようにいいふらすことはよくない、不謹慎なことだとたしなめている。

この一節の問題点は二つあるように思われる。

まず第一に、太子と山背大兄王が親子であったという〝常識〟が、平安時代には疑われていたという事実である。

そして第二は、太子の伝承を集め、太子の事蹟《じせき》に精通していたはずの『法王帝説』の編者が、このような異端説を論外として否定するのではなく、そのようにいいふらしてはいけないとたしなめていることにある。

いったい『法王帝説』の編者は、なぜこのような自信のない発言にとどめたのであろうか。太子と山背の真の関係を疑う流れが根強く、しかもこれを実際に否定するだけの材料がなかったからではなかったか。

逆にいえば、太子と山背が親子でなかったことは、ある時期まで公然の秘密であり、このことを知ったうえで、『法王帝説』の編者が、この意味ありげな記述を後世に残そうとした可能性も否定できないのである。

なにしろ、この『法王帝説』という文書は、一般に流布《るふ》していた太子伝を寄せ集めただけではなく、かなり異色な、太子の隠された秘密を暴露しようとしているとしか思えぬ奇書だからである。

▼祟り神・入鹿はどこに祀られていたのか?

こうして見てくると、入鹿の身辺には、これまで語られることのなかった多くの謎に満ちていることがわかる。そしてこれらの謎を矛盾《むじゅん》なく説明するためには、入鹿の山背殺しが冤罪《えんざい》で、入鹿悪人説をでっち上げるための方便であったとする仮説が最も有効と思われる。さらにこの延長として、祟り神としての入鹿の実像は抹殺されたと考えられるのである。

ただそうはいっても、この仮説にはネックが一つあることを認めなければならない。菅原道真は朝廷から祟り神として認められ、朝廷にはめられた事実を認められたが、なぜ入鹿にかぎって事情が異なるのか、ということである。

しかし、答えは簡単なところにある。

菅原道真と蘇我入鹿では、歴史に占める比重が違うのだ。道真の死と祟りは、時の朝廷にとっては恐怖であったかもしれないが、歴史を変えるほどの事件ではなかったのである。

一方、入鹿の場合、この人物が生きるか死ぬかは、天皇家の命運を左右した。極端な言い方をすれば、天皇家は入鹿から政権を奪い取ったのであり、もし入鹿が祟って出たとしても、『日本書紀』がこれを認めるわけにはいかなかった。なぜならば、天皇家最大の政敵が、実際には罪なくして殺されたことを世に知らしめることになりかねず、天皇家の正当性、正統性は、この時点で否定されたも同然になるからである。

▲入鹿の首塚(奈良県明日香村)

抹殺された祟り神・蘇我入鹿――朝廷がこれを無視することができず、人の目をごまかしてひそかに祀っていたのが、平城京の元興寺であったかもしれない。そして、入鹿の怨霊《おんりょう》は、祟る神となって都の人々をも苦しめたと推理することができる。したがって、この神の怒りの強さゆえに、これを鎮めることのできた鬼の名・ガゴウジは、全国に知れわたったのであろう。

さて、こうして見てくれば、本来神をも意味した〝鬼〟が、八世紀に成立した『日本書紀』のなかで、まつろわぬ者のレッテルとして利用されていったことは明らかであろう。しかもそれは、蘇我入鹿という祟り神の正体を抹殺するために、本来の意味が歪曲《わいきょく》されて使われるようになっていったのである。

つまり、『日本書紀』のなかで、歴史の勝者・天皇家が神となり、敗者が鬼となって、天皇家の正当性、正統性が証明されたばかりでなく、両義性をもっていた〝モノ〟は、明確に二つの属性に分離されてしまったといえよう。

ところが、このような観念的な操作・辻褄《つじつま》合わせは、現実の世界で通用することはなく、八〜九世紀にかけて、〝モノ〟の神と鬼、天皇とまつろわぬ者どもは、同質化していってしまうのである。

この事実がいったいどういうことで、何を意味していたのか。なぜ神と鬼は現実に結びつき、また分離できなかったのか。この日本特有の謎を解き明かすために、深く暗い古代史の闇に立ち向かわなければならない。

第3章

神の一族・物部と出雲の正体

コラム――西洋の悪魔と日本の祟り

西洋キリスト教の世界観からいえば、万物に精霊が宿り、いたるところに神が存在するという多神教は、未発達で野蛮な宗教観ということになる。

それは、キリスト教は多神教を克服することによって成立したという歴史をもっているからであり、多神教から一神教へという流れこそが文明社会の根幹という発想があるからである（ちなみに日本人は、典型的な多神教の世界に身を置いている）。

一神教は唯一の神をいただき、絶対の真理をもち合わせている。したがって、他の宗教を容認することはない。容認しないどころか、一神教は、他の宗教を徹底的に忌《い》み嫌い、時に潰《つぶ》そうとする。キリスト教とイスラム教世界の長い闘争の歴史がこれである。

これに対し、多神教は「その他の神」が「いないはずはない」のだから、多くの宗教観を鷹揚《おうよう》に受け止めるのである。日本人がいろいろな宗教行事を日常に取り込んでいるのはこのためだ。

これを一神教世界から見れば「無節操」で、「不可解」ということになるのだろう。しかし、ひとつ弁明を許されるならば、多神教には、あらゆるものと「共存しよう」という「知恵」が隠されているのである。

これに対し、唯一絶対の神が人間を創造したという一神教は、地球や自然を人間が支配し「改造する権利」を有していると説く。キリスト教の独善も、このような一神教の論理に裏づけられている。

ところで、絶対の神をいただく一神教は、反対概念として、絶対の悪を創造した。これが悪魔であり、多くの場合、「魔女」という形で具現化されたのである。

なぜ悪魔が女性かというと、男性の神が男性のキリストを生んだと教えるキリスト教にとって、女性は「淫乱」で「下等」な生物だと考えたからである。アダム（♂）を誘惑し堕落《だらく》させたイブ（♀）という話が、この思想を象徴的に表わしている。

信じられない話かもしれないが、ウーマンリブの活動が西洋で勃興したのは、キリスト教の女性蔑視の裏返しなのである。

このような一神教の「悪魔」に相当する概念は、多神教の日本にはない。似ているのは「鬼や崇《たた》り」ということになろうか。しかし、鬼や崇りは「神」とイコールであり、神のなかに「正」と「悪」の両面性を見出していたということになる。

▼入鹿神社に祀られたもう一人の鬼

鬼の正体、歴史的意義を知るために、元興寺《がんごう》と入鹿《いるか》に注目してみたのは、入鹿が実在の確かな鬼だったことが最大の原因だが、それともう一つたいせつだったのは、入鹿が鬼の世界・幽界《ゆうかい》へのよき先導役となってくれるためであった。

たとえば、奈良県橿原市《かしはら》小綱町《しょうこ》には入鹿神社という鬼の社《やしろ》がある。小綱の大日堂として親しまれるこの神社の説明板を見ると、次のように記されている。

「入鹿神社本殿一棟

当社は廃普賢寺の東南部の一段高い所に西に向かって建ち、もとは同寺の鎮守社であったと伝えられる。祭神は、素戔嗚尊《すさのおのみこと》と入鹿大臣《おおおみ》の両柱を合祀《ごうし》している」

なぜ、このような一見してどこにでもありそうな神社の伝承に気をとめたかというと、合祀された二人の神の境遇が、偶然にしてはあまりに似かよっているためである。

あらためて述べるまでもなく蘇我入鹿は天皇家を蔑《ないがし》ろにし、王権を乗っ取ろうとした疑いをもたれ、中大兄皇子《なかのおおえのみこ》（天智天皇《てんじ》）に殺されたとされる人物。かたやスサノオは、記紀神話に登場する札つきの乱暴者で、姉・アマテラス（天照大神）に高天原《たかまのはら》を乗っ取る下心があると疑われ、地上界に追放されている。

さらに、彼らが築いた国や政権を天皇家（アマテラスを筆頭とする天津神《あまつかみ》）が奪うことで、のちの天皇家の繁栄の基礎が築かれたこともよく似ている。

そしてもう一つ、両者に共通することは、なんといっても、どちらも〝鬼〟だったことである。

蘇我入鹿が鬼であったことはすでにふれたが、スサノオでさえも、子の大物主神や葦原醜男が、〝モノ〟〝シコ〟と称されたところから鬼と察しがつき、鬼の父・スサノオが鬼の祖神ともいうべき存在であったことがわかる。

それでは、入鹿神社に並べて祀られた二人の鬼の間には、これまで語られることのなかった絆《きずな》が存在するのだろうか。

▼鬼・出雲神という謎

そこで注目してみたいのが、鬼の一族・スサノオを始祖とする〝出雲《いずも》〟のことなのである。

『日本書紀』や『古事記』に記された出雲神話のあらすじは、おおよそ次のような

▲**入鹿神社**　素戔嗚尊と蘇我入鹿を合祀する（奈良県橿原市）

ものであった。

高天原《たかまのはら》を追放されたスサノオは、地上界に降り立ち、ここからまるで別人になったかのように活躍し、国津神《くにつかみ》（天皇家の祖神・天津神に対し、土着の神々をさす）の娘を八岐大蛇《やまたのおろち》から救い、娶《めと》る。こうして出雲を建国したスサノオは、のちのことを末裔《まつえい》に託し、黄泉《よみ》の国へ去った。

スサノオの遺業を引き継いだのは、スサノオの子とも末裔ともいわれる大国主神《おおくにぬしのかみ》（大物主神《おおものぬしのかみ》、葦原醜男《あしはらしこお》）とその子の事代主《ことしろぬし》神であった。彼らはみごとに出雲建国をなし遂げるが、高天原のアマテラスは、この機を見計らったかのように、出雲の乗っ取りを画策《かくさく》する。そこで下調べに何人もの神々を送り込むが、ことごとく出雲に同化して復命しなかった。業《ごう》を煮やしたアマテラスは、ついに大国主神らに対し国譲りを強要したのである。

大国主神と事代主神は要求をのみ、黄泉の国へ去って行った。

こうしてアマテラスは、孫のニニギを地上（九州日向《ひむか》）に降ろし統治させる。ちなみにニニギの曾孫《そうそん》・イワレヒコは、このち九州から東に向かいヤマト朝廷を開く神武《じんむ》天皇であった。

これが出雲神話の概略だが、一般に出雲神話は天皇家の正当性、正統性を述べるために創作された反対概念にすぎないとされている。もし仮に〝出雲〟が実在しても、それは地方国家の一つにすぎず、征服説話は誇張と潤色《じゅんしょく》が加えられていたというのである。

ところが、この鬼の一族をめぐる問題は、ここから先がややこしくなる。

もし通説どおり、〝出雲〟が天皇家を揺るがすほどの力をもっておらず、また架空《かくう》の話であったとするならば、第2章でふれたように、なぜ天皇家がこの神々を恐れつづけなければならなかったのか理解できないのである。

実際、古代天皇家最大の関心事は、いかに出雲の神を鎮めるかにあった気配が濃厚で、この伝統が近代にいたるまで引き継がれていることは無視できないのであ

▲大国主神　絵は大国主神がスクナビコナを迎える場面（美保神社蔵）

る。

天皇家は、なぜみずから編み出した亡霊に、千数百年もの間、悩まされてきたのであろうか。

天皇家が出雲という呪縛《じゅばく》から逃れられなかったのならば、目に見えぬ鬼に支配された天皇家という図式が浮上してくるのである。

▼出雲神はヤマトに実在した!?

この、一見奇を衒《てら》ったかのような推理を働かせるのは、〝ヤマトの出雲神〟というゆゆしき問題があるからである。

不思議なのは、神話の世界で決着がついていたはずの天皇家と出雲神の関係が、歴史時代に入ってもつづいていたことである。

神武天皇は九州からヤマトに移り即位するが、ここでこの天皇はじつに謎深い嫁取りをしている。『日本書紀』は正妃《せいひ》を事代主神の娘・媛蹈鞴五十鈴媛命《ひめたたらいすずひめのみこと》と証言し、『古事記』は美和《みわ》（三輪山）の大物主神の娘・比売多多良伊須気余理比売《ひめたたらいすけよりひめ》としている。両者に差はあるが、どちらも正真正銘の出雲神の女人であったことに変わりはない。

この不可解な記録がこれまで深く考察されなかったのは、〝神武天皇〟でさえ、神話的な人物とみなされていることと無縁ではないだろう。

初代神武天皇から、のち八代の天皇それぞれの業績が『日本書紀』に描かれていないこと、真の歴史時代に突入したと思われる第十代崇神《すじん》天皇が、神武同様ハツクニシラス天皇（はじめてこの国を統治した天皇）と称されているところから、神武は崇神をモデルに神格化された人物で、史実は二回繰り返されていると考えられているのである。

ちなみに、私見も神武と崇神を同一人物とみなすが、だからといって神武が出雲神の娘を娶ったという『日本書紀』や『古事記』の証言を無視するわけにはいかないのである。架空の話であるならば、なぜわざわざ初代天皇の正妃に鬼の娘をもってくる必要があったのか、通説は説明しようとしないし、通説のままでは理解できないからである。

また、出雲との濃密な関係という点に関しては、〝歴史時代〟の崇神天皇にしても、事情はそれほど変わらない。

崇神天皇は即位後、ヤマトの出雲神・大物主神のおわします三輪山のふもとに都を定め、しかも大物主神の祟《たた》りを恐れ、これを丁重に祀っている。

▲神武天皇画像（梅堂国政筆）

みずから創作した架空の話におののき、呪縛される必要はどこにもないにもかかわらず、神武は正妃に〝出雲〟を選び、崇神は祀る神に〝出雲〟を選んだとすれば、〝出雲〟という〝鬼〟が実在したのではないかと疑っておく必要が生じてくるはずである。

▼ヤマトの先住民〝出雲〟

ここで子どもじみた問いかけが許されるならば、そもそも出雲地方の神々が、なぜヤマトの地で大きな顔をしていられるのかという疑問が思い浮かぶのである。しかも彼らは、天皇家よりも先にヤマトに来ていたという。

『出雲の国造《くにのみやつこ》の神賀詞《かむよごと》』は、出雲の国造が新任された際、一年のお清めののち都に出向き奏上する祝詞《のりと》であるが、このなかには、なぜ出雲神がヤマトにいるかの説明が記されている。

それによれば、出雲を代表する四柱の神の和魂《にぎみたま》は、三輪、葛城《かつらぎ》などの神奈備《かんなび》に移り、天皇家の守り神になったというのである。

つまり、この証言に従えば、天皇家のヤマト入りを追うように出雲神が遣《つか》わされたと解釈できる。

ところが、ヤマトの出雲神の本拠地ともいうべき三輪山周辺には、このような証言をくつがえすような伝承が残っている。それは、

「三輪山の神が天皇家よりも先」

だというのである。だからこそ、地元の人々はいまだに三輪山の神を最も重視し

▲出雲大社　祭神は大国主神（島根県大社町）

ている。

　正史とはまったくかかわりのない民間伝承にどれだけの信用があるというのか、疑問に思われる方も多かろう。しかし、〝天皇家よりも三輪山の神が先〟であったことは、じつは『日本書紀』そのものも認めていたのである。

『日本書紀』神代上第八段一書第六には、出雲建国中の大己貴神《おおなむちのかみ》（大国主神《おおくにぬし》）に起きた珍事として、次のような伝承を残している。

　大己貴神が出雲をめぐっているとき、海に怪しげな光が照ったかと思うと、忽然《こつぜん》と浮かび上がる者がいて、大己貴神に向かって、

「もし私がいなければ、おまえは国を平ら

ぐことはできまい。私がいるからこそ、大きな国をつくることができるのだ」

というので、

「それではおまえはだれだ」

と問うと、

「吾《あ》は汝《なんじ》の幸魂奇魂《さきたまくしだま》である」

と答える。すると大己貴神は、

「そのとおりです。あなたは私の幸魂奇魂です。いまどこに住みたいと思いますか」

と尋ねた。

「吾はヤマトの三輪山に住みたい」

というので、ヤマトに宮を建てて住まわしたが、この神こそ、いまいう大三輪の神であったという。

これが三輪山の神の祀られる経緯を描いた神話なのである。この証言を素直に信じるならば、三輪山の神は、神武東征はおろか、出雲の国譲り以前にヤマトにいたことになる。

それだけではない。崇神天皇八年十二月の条には、やはり天皇家よりも三輪が先

▲神武東征　絵は昭和16年刊の小学校2年用教科書に載ったもの

であったことが暴露されている。大物主神を祀る三輪の地から神酒《みき》が天皇に献上されたときの歌として、次の一首がある。

此《こ》の神酒は　我《わ》が神酒ならず　倭成《やまとな》す　大物主の　醸《か》みし神酒　幾久《いくひさ》　幾久

〈現代訳〉此の神酒は私の神酒ではない。倭の国を造成された大物主神がお作りになった神酒である。幾世までも久しく栄えよ栄えよ。（日本古典文学大系『日本書紀・上』岩波書店）

ここで注目していただきたいのは、〝ヤマト成す〟である。『日本書紀』の神話に従えば、出雲神がつくった国を、けっしてヤマトとはよんでいなかった。それはたんに〝国〟であったり〝出雲国〟あるいは〝葦原中国《あしはらのなかつくに》〟なのである。ところが、この歌のなかで大物主神は〝ヤマトを建国〟したと称えられ、先の神話のなかで、大物主神の幸魂奇魂は、出雲国からヤマトへ移住したと記されていたことと符合するのである。

ここで思い出されるのが、神武天皇の正妃のことなのである。『日本書紀』は、ヤマトを征服した神武天皇が、なぜか出雲の神の娘を娶ったと証言している。その記述があまりに唐突で荒唐無稽《こうとうむけい》だったために、これまでほとんど顧みられなかったが、もし〝出雲〟が天皇家よりも先にヤマトにいたのならば、〝神話〟は一転、史実であった可能性を帯びてくるのではあるまいか。土着の首長から女人をもらうことで王権を安定させることは、よくあることだからである。

▼神武東征とニギハヤヒの謎

そこで『日本書紀』を読み返すと、興味深い証言が残されていたことに気づく。神武東征以前、ヤマトの地にはすでに天皇家とは別の王権が確立されていたというのである。

『日本書紀』の記述によれば、神武天皇が九州の地から東征を決意するに際し、すでにヤマトにはニギハヤヒなる人物が降り立っていて、王として君臨していたと明記されている。

それでは、ニギハヤヒは出雲と何かしらの関係をもっていたのだろうか。しばらく、ニギハヤヒと神武東征の経緯に注目してみたい。

さて、ニギハヤヒはヤマト土着の首長・長髄彦《ながすねひこ》の妹を娶《めと》ることでヤマトに融合し、武力を使わずに王権を手に入れたらしい。ところが、せっかくヤマトを建国したニギハヤヒは、神武天皇が東征して来ると、これを迎え入れる姿勢を見せるのである。ただ、ヤマト土着の長髄彦が神武のヤマト入りを拒絶し、徹底抗戦に出たため、神武天皇はあっけなく敗れ、紀伊半島を大きく迂回《うかい》し、熊野方面からのヤマト入りへと作戦を変更せざるをえない状況に追い込まれたのだった。

▲ニギハヤヒ画像(唐松神社蔵)

そこでニギハヤヒ（子のウマシマチともいわれる）はやむなく長髄彦を殺し、神武受け入れのかたちを整えたというのである。

このように、神武天皇のヤマト入り＝ヤマト朝廷の成立は、ニギハヤヒの活躍なしには考えられなかったわけだが、『日本書紀』は、このニギハヤヒが物部《もののべ》氏の祖であることを伝えている。七世紀、蘇我《そが》氏との間に宗教戦争をひき起こしたあの物部氏である。

『日本書紀』はこの一族が天津神であって、天皇家と遠い縁《えにし》で結ばれていたとほのめかすが、不思議なのは、彼らが〝神〟の一族ではなく、逆に〝鬼〟の一族だったことにある。

一般に物部の〝モノ〟は〝モノノフ（武士）〟の〝モノ〟の意とされ、武人を率いる一族であったとする見方が有力である。

たとえば、『古語辞典』（岩波書店）には、

「もののべ〔物部〕――大和朝廷で、軍事・刑罰のことを担当した部民《べみん》、その統率者たる物部氏は、大伴《おおとも》氏とならんで最有力の氏族であった」

としているが、〝モノ〟を突きつめてゆくと、〝モノノフ〟以前に〝鬼〟であった可能性は高くなる。

物部氏の系統には〝シコ〟とつく人名が散見されるが、〝モノ〟も〝シコ〟もすでにふれたように〝鬼〟であった。また、のちにふれるように、物部氏は〝モノ＝神〟を司《つかさど》る一族でもあったことから、物部の〝モノ〟は、〝武人〟ではなく〝鬼、神〟が本義と考えられる。

とすれば、天皇家よりも先であった〝出雲〟と〝物部〟が、どちらも〝鬼〟であったことは、はたして偶然だったのであろうか。

▼出雲とそっくりな一族〝物部〟

そこで二つの〝鬼〟を見比べてみると、両者がまるで鏡に映したかのように瓜二つであったことに気づくはずである。

まず第一に、両者が天皇家よりも先にヤマトに来ていたこと、しかも物部氏の祖・ニギハヤヒがヤマトに王国を建設していたことは、大物主神が〝ヤマトを成した〟とする『日本書紀』の伝承と重なる。

それだけではない。出雲は出雲国譲り神話のなかで、せっかく苦労して築き上げた王国を天皇家の祖神に譲っていたが、物部氏もヤマトの王権を天皇家に禅譲《ぜんじょう》している。

そして、なんといっても重大な意味をもっているのは、皇后家としての物部氏という問題なのである。

神武天皇だけではなく、第二代綏靖《すいぜい》天皇、第三代安寧《あんねい》天皇が出雲神の娘を正妃に入れていたことは、『日本書紀』だけではなく、『古事記』や『先代旧事本紀《くじほんぎ》』も認めているが、『日本書紀』は〝一書に云《い》はく〟という但《ただ》し書きを添え、二人の天皇の正妃は出雲出身ではなく、ほんとうは磯城県主《しきのあがたぬし》出身の女人であったかもしれないとしている。

この磯城県主は、崇神《すじん》天皇が都に選んだ地・磯城周辺の豪族であり、神武東征に際し、天皇の威に圧倒され、すごすごと帰順《きじゅん》した一族であったこと以外、ほとんど実体のつかめない謎の一族なのである。

それにもかかわらず、二代三代ばかりでなく、第六代孝安《こうあん》天皇の代まで皇后を送りつづけていたと『日本書紀』が明示することは腑《ふ》に落ちない。

欠史《けっし》八代とよばれ、歴史時代とみなされないために、これまであまり注目されていなかった問題であるが、初期天皇家が出雲系の女人を正妃に選んだ謎と同様のことが磯城県主にも当てはまる。すなわち、なぜ素姓《すじょう》の確かでない一族を皇后家であったことにしなければならなかったのか、ということなのである。

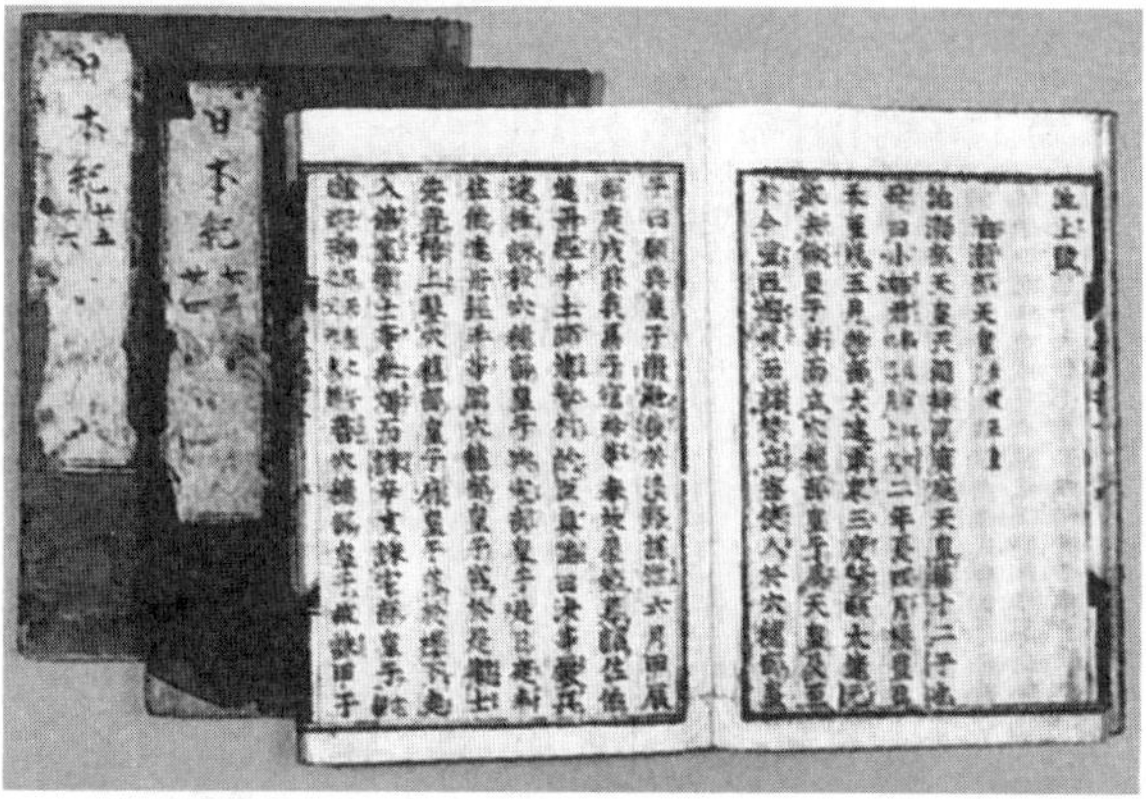

▲『日本書紀』　舎人親王（天武天皇の子）らによる勅撰の歴史書

そしてこの謎を解くためには、磯城県主が何者であったのかを明確にすることが手っ取り早い方法といえるが、じつはこの答えはあっけなく見つかるのである。

物部氏の伝承とされる『先代旧事本紀』によれば、磯城県主はニギハヤヒの末裔で、物部氏と同族だったと証言し、平安初期、勅命によって編纂《へんさん》された『新撰姓氏《しんせんしょうじ》録《ろく》』も同様の記事を残しているのである。

磯城県主は物部氏だった——それにしても、なぜ『日本書紀』は、この事実をあえて伏せる必要があったのか。それは、出雲と物部を結ぶ唯一《ゆいいつ》決定的な条件だったからではなかったか……。

ニギハヤヒが神武天皇に王権と国土を禅譲した以上、天皇家はこのニギハヤヒや物部氏に対し何かしらの見返り、恩返しをすべきであった。ところが『日本書紀』を読むかぎり、天皇家は物部一族に思いのほか冷淡であった。

しかし記録とは裏腹に、物部系の女人が正妃として宮中に迎え入れられていたとすれば、天皇家発足当初の不自然な成り行きは理解できるのである。

▼物部は出雲だった!?

さて、出雲と物部が異名同体であったとする推理は、神社伝承から『日本書紀』の裏を読み解いた原田常治氏によって提唱されたものであった。

その著書『古代日本正史』(同志社)には、物部氏の祖・ニギハヤヒがヤマトの三輪山の大物主神と同一であり、スサノオの第五子であったことが、いくつもの神社伝承によって証明され、それればかりか日本の本来の太陽神は、皇祖神・天照大神《あまてらすおおみかみ》ではなく、この大物主神であったという。

私見は大筋で原田説を支持し、物部氏の祖・ニギハヤヒと出雲神・大物主神を同一とみなすが、出雲と物部がたんに重なるだけではなく、彼らが〝鬼〟であったことを思うとき、ここに天皇家と鬼の闘争と共存がすでにヤマト朝廷成立時からはじまっていたこと、この事実を、『日本書紀』を記した八世紀の朝廷が抹殺したと考えられる。

このような犯罪行為が行なわれるきっかけとなったのは、八世紀初頭の物部氏の没落に求められるが、最大の動機は、なんといっても物部氏の古代社会に占める大きさが、記録にとどめることができないほど巨大であったためであろう。

神武天皇のモデルとなった崇神天皇は、国がうまく治まらないのを憂い、占いをし、その結果ヤマトの三輪山の神・大物主神を祀ることで治世を安定させたといい、ヤマトを建国したのは大物主神であったという、天皇家にとって屈辱《くつじょく》ともとれる歌をみずから詠《うた》っていることは興味深い。

この歌の〝大物主〟を〝物部〟になおせば、天皇は下臣にすぎない豪族を絶賛していることになるからである。

さらにいうならば、崇神天皇からはじまった出雲神重視が天皇家の伝統となっていったように、物部氏が古代社会の最も重要な〝神道〟の中心に位置していたことなのである。

▼物部は〝モノ＝神〟を司る一族

ここであらためて述べておかなくてはならないのは、〝モノノベ〟の〝モノ〟が、古代、〃神と鬼〃双方を表わしていたことである。

これは多神教・アニミズムからの流れであり、神は宇宙そのものという発想から導き出された宗教観でもあった。神は人に恵みをもたらす一方で、時に怒り、災害をもたらす。

このような神の両面性を、神道では和魂、荒魂とも表現するが、つまるところ、これは神と鬼なのである。そして、物部氏は〃神《モノ》〃〃鬼《モノ》〃双方をあわせもった一族であり、神道の中心に位置していたと考えられる。

このあたりの事情は、物部氏の伝承『先代旧事本紀』にも如実《にょじつ》に表われている。それによると、神武天皇即位に際し、ニギハヤヒの子ウマシマチは、ニギハヤヒから伝わる神宝を献上し、神楯《かむたて》を立てて祝い、さらに、新木《あらき》なども立て、〃大神〃を宮中に崇《あが》め祀ったとある。そして、即位、賀正、建都、践祚《せんそ》といった宮中の重要な儀式は、このときに定まった、というのである。

ここで注目されるのは、神道と切っても切れない関係にあった天皇家の多くの儀式が、ウマシマチを中心に定められたということである。そして、これよりも重要なのは、ウマシマチが神武天皇の即位に際し、宮中に祀ったという〃大神〃の正体にある。

常識で考えれば、この神は皇祖神・天照大神ということになろう。ところが、ヤマトの地で〝大神〟といえば、三輪山に祀られる大物主神をおいてほかには考えられないのである。〝大神〟のおわします大神神社は、オオミワと読み大物主神を祀る。

それでは、なぜ、物部系の史書『先代旧事本紀』は、宮中で祀られる大物主神の本名を記さず、あえて〝大神〟と称したのかといえば、それは歴史の敗者としてのぎりぎりの選択であったろう。

ヤマト朝廷成立直後、宮中に皇祖神ではなく出雲神を祀っていたことを、『日本書紀』は必死に秘匿《ひとく》し、この真相を漏らそうとする者は許されなかったにちがいない。天皇家の正統性が失われかねない重大事だからである。

つまり、『先代旧事本紀』が、朝廷で祀られる神を〝大神〟と記し、物部系の神の姿を〝暗示〟したのは、抹殺された物部一族の大きさを暴露しようとする苦肉の策であったと考えられる。

大物主神の名を明記すれば、『先代旧事本紀』が焚書《ふんしょ》の憂き目に遭う危険がある反面、〝大神〟というあいまいな表記にすれば、天照大神ととることも可能であり、物部氏の正史への抵抗をカモフラージュすることができるからである。

▼天照大神よりも格上の神とは？

このような物部一族（出雲）の神道祭祀《さいし》における重要性は、これまでほとんど語られることがなかったために、にわかに信じるわけにはいかないかもしれない。しかし、天皇家最大の祭りとされる大嘗祭《だいじようさい》や神道のメッカともいわれる伊勢神宮祭祀でさえ、その実体は物部氏の祖神を祀る天皇家の秘儀だった可能性が高いのである。

そこでしばらく、〝鬼〟物部氏の正体を知るために、これまで謎のベールに包まれてきた大嘗祭と伊勢神宮について考えてみたい。

さて、即位後最初の新嘗祭《しんじようさい》を大嘗祭と称して、天皇家は八世紀以来この伝統行事をつづけてきたが、この祭りのなかで、唯一物部氏のみが他の豪族には見られないかたちで祭りの中心に位置していた。

吉野裕子《ひろこ》氏は、『大嘗祭』（弘文堂）のなかで、大嘗祭が〝蛇の呪文《じゆもん》〟に彩られていること、この信仰の原型が物部氏のものに似ていて、しかも物部氏が重用されていることについて、「物部氏の祭祀そのものが天皇家によって踏襲《とうしゆう》されたことも考えられる。この場合も、祖神の蛇の呪力を担《にな》うものとしての物部氏に対する記憶は、そのまま祭祀における物部氏の重用につながるのである」とされるが、残念ながら、これだけで大嘗祭と物部氏の関係のすべてを語ったことにはならないと思う。というのも、天皇が物部氏の祖・ニギハヤヒを祀ることこそが、大嘗祭の本質であった気配が濃厚だからである。

このあたりの事情は、皇祖神を祀る伊勢神宮の奇妙な祭祀と関連づけて考えるとわかりやすい。

不思議なことに、伊勢神宮最大の祭り、二十年に一度の遷宮《せんぐう》と大嘗祭両者の祭祀形態は非常に似かよっていて、原理はほとんど同一のものとされている。たとえば、どちらの祭りでも、儀式の前半部分で謎の童女（酒造童女《さかつこ》、大物忌《おおものいみ》）が祭りの先導役を務めていて、この童女があらゆる場面で最初に行動しないと、祭りが進まないようになっている。

これは二つの祭りのほんの些細《ささい》な共通点にすぎず、ほかにももっと例はあるが、ここでは割愛《かつあい》する。

最大の問題は、大嘗祭、伊勢の遷宮、どちらも祭りの中心部が〝秘中の秘〟とされ、厚いベールで包まれている点にある。そして、この秘匿された真実を探ってゆくと、やはりそこには、出雲あるいは物部と深い関係が見出せるのである。

たとえば、大嘗祭のクライマックスは、天皇が神殿の中央に設けられた神の寝台に向かい新穀を供進《ぐしん》し、しかも神に奉じた新穀をみずからも食すことで、神を祀りみずからも神聖な存在になることだが、なぜかこの寝台に横たわっているはずの神の実体が明らかでない。

皇祖神で日本の最高の神に位置する天照大神は、同じ神殿の別の場所に祀られているために、寝台の神はアマテラスではなく、もっと位の高い神と疑われている。天皇家は、なぜ最も大事な祭りの神を秘匿するのか。そして、天照大神よりも格上の神とはいったい何者なのであろうか。

▼伊勢神宮〝心の御柱〟の秘密

そこで目を転じて伊勢神宮に注目すると、この謎の神の輪郭が見えてくる。

伊勢神宮の〝秘中の秘〟は、〝心《しん》の御柱《みはしら》〟とよばれる奇妙な〝柱〟のことなのである。ふだんは神宮正殿床下の地面ににょきっと顔を出しているが、人目につくわけではない。それにもかかわらず、二十年に一度の遷宮に際し、この柱は祭りの最も重要な位置を占める。

とにかく遷宮の発端は、この心の御柱のための木材の伐《き》り出しからはじめられ、

▲伊勢神宮（内宮）　内宮は天照大神を、外宮は豊受の神を祀る（伊勢市）

この柱を立ててからこの上に新たな宮が建てられる。二十年後、再び遷宮を果たしたのちは、旧神殿は壊され、唯一《ゆいいつ》心の御柱だけが小屋を建てられ、守られてゆくのである。

　では、なぜ心の御柱が何よりも優先されるのか。なぜ心の御柱が神聖視され、しかもその理由が秘匿されているのか。何もかも謎のままである。

　ただ、秘密を解き明かすヒントがある。それが、先述した伊勢神宮の〝童女〟大物《おおもの》忌《いみ》であった。

　心の御柱はいかなる位の高い神職でも祀ることは許されないが、唯一大物忌だけが祀ることができ、しかも、神宮の重要な祭りの最初の儀式は、この大物忌でなければならぬという不文律《ふぶんりつ》がある。

ところで、もうお気づきのこととは思うが、大物忌は童女であり鬼である。では、なぜ神聖な伊勢神宮で鬼が暗躍し重要視されていたのか謎を残すが、ここでまず注目しておきたいのは、大物忌の行動なのである。

というのも、この童女は心の御柱に食事を供し、しかもこの童女がともに食するという儀式があるからだ。これはまさに大嘗祭における天皇の仕草《しぐさ》とまったく同じであるばかりか、心の御柱祭祀にはもう一つ奇妙な行事がある。すなわち、柱の周りに〝天平瓮《あめのひらか》〟を八百枚積み上げるというものだ。

なぜ、この奇妙な行事に注目するのかというと、まず第一に数の〝八〟が気になるからである。

〝八〟は神話に多く登場する数字であるが、とくに出雲神と密接な関係があった。八岐大蛇《やまたのおろち》、八重事代主《やえことしろぬし》、八重垣、八坂、八千矛《やちほこ》などなど、数え上げればきりがないほど、出雲は〝八〟に囲まれているのである。

ちなみに、大嘗祭の謎の神の寝台が、八重畳であったことも忘れてはならぬ事実の一つであろう。

そして第二に、大嘗祭、伊勢、出雲をつなぐ八という数字だけではなく、大嘗祭で行なわれていた行事、神に食事を供し、しかもみずからも食すということが、伊勢神宮でも行なわれていたこと、しかもこの風習の根源をたどってゆくと、神武東征説話に行き着いてしまうということなのである。

▼鍵を握る出雲神・大物主神の神託

神武天皇は長髄彦《ながすねひこ》の抵抗を避け、紀伊半島を迂回《うかい》し、熊野からヤマトに向かった。この途中、霊夢を見て、天香具山《あまのかぐやま》の土をとって〝天平瓮〟八十枚と厳瓮《いつへ》をつくって天神地祇《てんじんちぎ》を敬い祀れば、賊はみずから平伏しようという神のお告げを得た。そこで神武は〝ひそかに〟人を差し向け、この夢のお告げを実行した。

厳瓮で神に供した神饌《しんせん》を〝みずからも食し〟たのち、兵を出すと、賊はおもしろいように破ることができたという。そして天皇はこのとき、神の加護を受けることで、絶対に負けることのない身になったことを確信したというのである。

この神武東征説話のひとコマには、大嘗祭や伊勢神宮の〝秘中の秘〟とされてきた謎を解き明かす重大なヒントが隠されているといっても過言ではあるまい。

まず真っ先に気づくのは、大嘗祭の天皇家と神の関係や、伊勢神宮の童女と〝心の御柱〟の関係と祭祀形態が、神武天皇に降りた霊夢のお告げの内容にそっくりなことであろう。しかもこのお告げの主がいったいだれであったのか、さっぱり見当がつかないことまで、同じところに問題の核心が秘められているように思われる。

そして、神武は神の忠告を実行することで、絶対に負けぬ体になったと確信するが、これは大嘗祭で神に食事を供し、これを天皇みずから食すことで、祭りのクライマックスが終わり、天皇が〝神〟となることとそっくりなのである。

したがって、ここでの最大の問題は、神武天皇に下された神託の主はだれだったのかということと、祀る対象はいったいだれだったのか、ということにある。前者は天津神、後者は天神地祇であったと『日本書紀』は証言するが、この証言はあまりに漠然《ばくぜん》としていて、信じるに足らない。

ヤマトに入る直前、神武天皇にはこのほかにも神託は下っているが、そこでは天照大神や武甕槌《たけみかづち》神《のかみ》などの天皇家に近い神々が堂々と登場している。それにもかかわらず、神武ヤマト入りの決定的な切り札となり、しかも大嘗祭や伊勢神宮祭祀に多大な影響を与えた「天香具山と天平瓮」の神託の主が明らかでないことに、不審の念をいだかざるをえないのである。

そこで目を転じて、『古事記』に注目すると、興味深い事実に気づかされる。崇《す》神《じん》天皇が国の定まらぬのを憂いて占ったところ、大物主神が夢に現われて神託を下

▲天香具山遠望　標高148メートル。奈良県橿原市にある

したとある。

そして、神託どおりの行動に出るが、問題はその行動の内容である。

「即ち意富多多泥古《おほたたねこ》命《のみこと》を以《も》ちて神主《かむぬし》と為《し》て、御諸《みもろ》山に意富美和《おほみわ》の大神の前を拝《いつ》き祭りたまひき。又伊迦賀色許《いかがしこ》男命《おのみこと》に仰《おふ》せて、天《あめ》の八十毘羅訶《やそびらか》を作り、天神《あまつかみ》地祇《くにつかみ》の社《やしろ》を定め奉《まつ》りたまひき」

この話が、神武天皇の説話とそっくりなことは、あらためて述べるまでもあるまい。神武と崇神が同一人物とする説からすれば、本来これらの説話は同一の場所から出ていた可能性は高いはずだ。

ヤマトの賊に頭を悩ませ神の力を借りた神武と、ヤマトの治政に頭を抱え、不穏な空気まで出て神託に助けられる崇神の姿は、みごとに重なってくるからである。しかも、霊夢と天の八十平瓮《やそびらか》（八十毘羅訶）という共通点が存在することは、興味深い。

▼伊勢大嘗祭共通の神は出雲神・大物主神

ところでもう一つの注目点は、なんといっても伊迦賀色許男命が天の八十毘羅訶《やそびらか》をつくったという『古事記』の記述にある。伊迦賀色許男命は物部一族であり、〝シコ〟を名にもつ〝鬼〟だからである。

そして、この〝鬼〟が天の八十毘羅訶をつくるきっかけとなったのが、物部氏の祖・大物主神という〝鬼〟の神託であった意味は重大である。崇神に降りた神託が大物主神のものであったのならば、神武に降りた神託も、ヤマトの大王であったニギハヤヒ（大物主神）から下された可能性は高いはずである。

とするならば、伊勢神宮の〝秘中の秘〟、心の御柱の周りに積み重ねられた八百枚の平瓮《ひらか》の正体は、物部一族のつくる代物《しろもの》であった可能性が出てくるが、問題は、天の平瓮がいったいだれを祀るための道具であったのか、ということであろう。

『古事記』の記述に従えば、あくまで〝天神地祇〟を祀るためとあって、まったく神武説話と変わりがないが、『日本書紀』にはこのあたりの事情を明確にする記述がある。やはり大物主神の神託を聞いて、崇神天皇が行動に出る場面である。

「乃《すなは》ち物部連《もののべのむらじ》の祖《おや》伊香色雄《いかがしこお》をして、神班物者《かみのものあかつひと》とせむとト《うらな》ふに、吉《よ》し。又、便《たより》に他神《あたしかみ》を祭らむとト《うらな》ふに、吉《よ》からず。（中略）

伊香色雄に命《みことおほ》せて、物部《もののふ》の八十平瓮《やそびらか》を以《も》て、祭神之物《かみまつりもの》と作《な》さしむ。即《すなは》ち大田《おほた》田根子《たねこ》を以て、大物主大神《おおものぬしのおほかみ》を祭《いはひまつ》る主《かむぬし》とす。（中略）然《しかう》して後に、他神《あたしかみ》を祭らむとトふに、吉し。便《すなわ》ち別《こと》に八十万《やそよろづ》の群神《もろかみ》を祭る」

この内容は次のようなものである。すなわち、大物主神の神託を得た崇神天皇は、物部氏の祖・伊香色雄（『古事記』にいう伊迦賀色許男命と同一）を神に捧げる物をわかつ人にすることを占うと、吉と出て、ついでに大物主神以外の神を祀ることは吉と出なかった。そこで伊香色雄に命じて〝物部の八十平瓮〟をもって大物主神に捧げる物とさせ、大田田根子を大物主神を祀る祭主に命じた。またこのの ち、再び占って他の神を祀ってよいかどうかを調べると吉と出たので、ようやく八《や》百万《およろず》の神々（天神地祇）を祀ることができたというのである。

この『日本書紀』の証言は興味深い。神武天皇に下された神託の主と、八十平瓮をつくって神武天皇が祀った対象が、ほぼ確定できるからである。それは、あらためて述べるまでもなく〝大物主神〟であり、物部氏の祖神であった。

『日本書紀』以外の文書のなかで、神武や崇神が八十平瓮をつくり、祭る対象を天神地祇とした、とあるのに対し、『日本書紀』の記述では、大物主神以外は占いで禁止されたというのだから、八十平瓮が大物主神のためにつくられたことは間違いない。しかも、他の文書のなかで〝天の平瓮〟と称されていたものが、〝物部の平瓮〟であったとする証言は、じつに重大な波紋を投げかけるはずである。

伊勢神宮に残された奇妙な行事を思い出していただきたい。

童女・大物忌のみが心の御柱を祀ることができて、心の御柱に食事を供し、みずからも食した。そして、柱の周りには〝天平瓮〟が八百枚積み上げられていたという。とするならば、伊勢神宮の秘中の秘、心の御柱でさえ、本来の祭神は鬼の祖、主ともいうべき大物主神であり、これを鬼としての童女が祀っていたと解することができる。

▼出雲と天皇家のほんとうの関係

そもそも伊勢神宮は、皇祖神《こうそしん》で女神の天照大神を祀る日本最高の神社と考えられてきた。その一方で、吉野裕子氏は、先述の『大嘗祭』のなかで、次のように述べている。

「古くは伊勢神宮の祭神は蛇体《じゃたい》の大祖先神で、天照大神はその神妻で大神を祀《まつ》る最高の巫女《みこ》であった。しかし時代が降るにつれて、祀るものから祀られるものに変身し、伊勢神宮の祭神となったのである」

とされ、また、〃伊勢〃には天皇家進出以前の土着の男性太陽神信仰があって、この祭祀形態を天皇家が踏襲したのではないかとする説が有力視されている。

この土着の男性の太陽神こそ、ニギハヤヒ（大物主神）であった可能性が高いと思われるのは、ニギハヤヒの正式な諡号《しごう》が〃天照国照彦天火明櫛玉饒速日尊《あまてるくにてるひこあまのほのあかりくしたまにぎはやひのみこと》〃で、太陽神を意味する〃天照〃の二文字が冠せられていること、さらには吉野氏の指摘される〃蛇体〃の大祖先神がそのまま大物主神を祀る〃三輪山〃に当てはまるからである。

大神《おおみわ》神社の神が〃蛇〃であったことは、『日本書紀』雄略《ゆうりゃく》天皇七年の条にも明記されている。

そこには、三輪の神の姿を見たいと雄略が願い、三輪の〃蛇〃が捕らえられたという説話があり、今日でも大神神社には、蛇の好物の卵が供えられている。

先述の原田氏は、やはり神社伝承からニギハヤヒ（大物主神）は太陽神であったと考えておられるが、大物主神の祀られる三輪山が古代太陽信仰のメッカだったとする説が最近有力になりつつあり、日本の本来の太陽神は、どうも物部氏の祖・ニギハヤヒであったらしい。

こうして見てくると、伊勢神宮の心の御柱は、〝陽〟を象徴する柱、すなわちそれは男根や蛇であったことがわかる。そしてもちろん、隠された正体は、太陽神・大物主神であろう。

そこで大嘗祭で祀られる正体不明の神に視点を移せば、ここにも大物主神の亡霊が現われてくることに気づかれるはずだ。

大嘗祭のなかで天皇が神に食事を供し、みずからも食す秘儀は、神武天皇のとり行なった祭祀や伊勢神宮、心の御柱祭祀とまったく共通であり、正体を抹殺された神の名は、やはり大物主神であったことになる。

そして、天皇家最大の祭りの主祭神を公にできない理由があったとすれば、ここに、天皇家の〝王〟としての威厳、正統性を覆《くつがえ》しかねない問題が潜んでいるからと考えられるのである。すなわちそれは、〝ヤマト〟という国の成り立ちの根幹にかかわる重大事であろう。

天皇家の祖神に屈服し国を譲り渡した出雲神、かたや神武天皇の威に圧倒され国を禅譲《ぜんじょう》した物部氏、このような『日本書紀』の示した明確な図式でさえ疑わざる

▲**物部守屋の墓**　大聖勝軍寺近くにある（大阪府八尾市）

をえない。天皇家が〝モノ（鬼）〟どもを支配するどころか、実際には重視し祀っていたことと明らかに矛盾《むじゅん》するからである。

　すでに述べたように、〝モノ〟は鬼であると同時に神でもあった。この〝モノ〟の主・大物主神は、鬼の主であると同時に神の主であり、事実天皇家はまるで震え上がるかのように出雲神を敬い、この伝統は天皇家の〝裏〟の祭祀として引き継がれていったのである。

　とするならば、ヤマト朝廷成立＝神武東征は、天皇家の一方的な侵略ではなく、この時点で、鬼（大物主神）と神（天皇家）の間には、『日本書紀』や通説では語られてこなかった、もっと違うかたちの関係が結ばれていたと考えられるのである。

▼日本国家誕生にさかのぼる鬼問題

事ここにいたり、〝鬼〟をめぐる問題は、日本という国家の起源にまでさかのぼりそうな様相を示しはじめたのである。古代、政治と宗教が密接な関係にあり、神託や卜筮《ぼくぜい》が国の行方を左右した当時、ともすれば宗教は政治の上位に立ちえたとさえいわれている。

そのような精神風土、社会環境のなかで、王権を天皇家に譲りながら、〝鬼〟〝神〟を司《つかさど》る地位を守り、正妃を天皇家に送り込んでいた物部氏の、本来の実力のほどが知れてくる。ひょっとすると日本という国家は、〝鬼〟によって支配されていたのではないかという疑いすら出てくるのである。

それでは、ヤマト朝廷が成立したとされる三世紀から四世紀前半ごろ、ヤマトでいったい何が起きていたのか。鬼（出雲、物部）の政権〝ヤマト〟がなぜ誕生したのか。そして、なぜ出雲や物部は鬼だったのか。その真相を確かめておく必要が出てくるのである。

第4章

ヤマトを建国した鬼の正体

コラム――纒向遺跡とヤマトの王権

戦後の考古学の進展にはめざましいものがある。とくに近年、過去の歴史観が通用しなくなるような大発見が相次いだ。

佐賀県の吉野《よしの》ヶ里《り》遺跡、島根県の荒神谷《こうじんだに》遺跡、青森県の三内丸山《さんないまるやま》遺跡といえば、あまり考古学に関心のない方でもご存じであろう。そのようななかにあって、古代史に占める重要性という点で最大の成果を上げたのは、奈良県の纒向《まきむく》遺跡の発見ではないだろうか。

纒向遺跡は奈良盆地の東南の隅、桜井市の三輪《みわ》山山麓に広がる巨大な三世紀の人工都市である。

纒向遺跡の出現が衝撃的だったのは、まず第一に、この遺跡がかつてない規模の政治的、宗教的な都市だったこと、しかも三世紀の初頭にヤマトに忽然《こつぜん》と姿を現わした点にある。

三世紀といえば、邪馬台国《やまたいこく》の時代であり、「邪馬台国は畿内《きない》で決まった」と豪語する学者も現われたのである。

ヤマト朝廷の象徴・前方後円墳も、三世紀前半から半ば、纒向遺跡の周辺に出現していたこともわかってきて、邪馬台国とヤマト朝廷誕生のつながりも関心の的になってきたのである。

もっとも、纒向遺跡は邪馬台国畿内説の決定的な証拠とはいいきれない。この遺跡の発見によって、邪馬台国畿内説が有利になったという程度のものでしかない。

纒向遺跡のほんとうの「価値」は、各地からさまざまな土器が集まってきていたという点にある。当初、東海、北陸、山陰、山陽から、最後に北部九州がやって来たのだ。この経過は、「土器」だけではなく、前方後円墳にも当てはまる。

はじめ前方後円墳は、山陰（出雲《いずも》）、山陽（吉備《きび》）、ヤマトの埋葬文化を習合することによって成立した。そして、最後に北部九州の埋葬文化を加えて、「定型化された前方後円墳」は完成したのである。この経緯《いきさつ》は、土器のヤマトへの流入とほぼ合致している。

では、これらの「物証」は、何を意味しているのだろう。

まず第一に、三世紀にヤマトは建国されたということだろう。そしてこの国は、各地の首長層の合意の上に立てられていた、ということである。

つまり、ヤマトは『日本書紀』のいうように神武天皇の東征によって征服されたのではなく、緩《ゆる》やかな合議制のもとに建国された、ということである。

そして第二に、ヤマトには天皇家以前に強い勢力があって、最後に天皇家が九州からやって来たという『日本書紀』の記述も、まったくのでたらめではなかった可能性がでてくるということである。

このように、纒向遺跡はこれまでまったく不明だったヤマト建国の詳細を、われわれに明示してくれる可能性をもっているのだ。

▼ヤマト誕生と邪馬台国

神に最も近いはずの物部《もののべ》氏が〝あらぶる鬼〟の烙印《らくいん》を押されてゆくのは、長い政争のすえ、七〜八世紀に没落していったことと無縁ではあるまい。この結果、『日本書紀』のなかで、物部氏の祖は出雲《いずも》神と称され、まつろわぬ鬼と位置づけられていったのである。

これらの事実を逆に考えれば、なぜ物部氏はヤマト朝廷誕生の時点で、〝モノ〟を支配する地位をすでに確立していたのか、という根本的な疑問を生み出すのである。そして、この謎を解くためには、〝ヤマト〟が生まれた真相と、この前後に物部一族が果たした役割の意味を明確にしておく必要があろう。

そこでまず問われるのは、ヤマト朝廷誕生の真相であるが、ヤマトを語るためには、まず邪馬台国《やまたいこく》をどう考えるかを表明しておかなくてはならぬ煩《わずら》わしさがある。

一般にヤマト朝廷成立の謎を解く鍵《かぎ》は、邪馬台国にあるとされているからで、その理由もはっきりしている。

まず第一に、畿内《きない》を中心に巨大古墳の時代に入るのが、三世紀から四世紀にかけてのことで、神武《じんむ》天皇や崇神《すじん》天皇のヤマト建国はこのころのこととされ、大陸側の史料『魏志《ぎし》』倭人伝《わじんでん》に登場する日本で最初の王国、邪馬台国が二〜三世紀の話であるところから、両者の間に何かしらの関係があったと考えられること。

第二に、邪馬台国はいくつかの小国家群の中心となった国で、邪馬台国に属していた連合国家は〝倭国《わこく》〟と称されていたこと、こののち七世紀まで日本が〝倭〟でありつづけたことは、邪馬台国（倭）からヤマト朝廷への連続性、一貫性が認められること。

そして第三に、天皇家の歴史書『日本書紀』のなかで、皇祖神《こうそしん》・天照大神《あまてらすおおみかみ》の正式名は〝大日孁貴《おおひるめのむち》〟とされているが、この大日孁貴を分解すると大日巫女《おおひのみこ》となり、日巫女＝ヒミコで、邪馬台国の卑弥呼《ひみこ》こそ、天皇家の先祖だったのではないかと疑われているのである。

これらの例を見ても、邪馬台国こそヤマト朝廷の祖国であって、連続性のある王権であったと推理することは自然であり、〝ヤマト〟の真相を探る鍵として論争が絶えないのは当然のことであろう。

▼九州邪馬台国とヤマト――二つの王国の存在

ただ、邪馬台国問題の最大の難関は、邪馬台国の所在地がいっこうに判然としないことである。

そして、文献的には九州説、考古学的・物的証拠においてはヤマト説が有利という図式は、形を変えながらも今日に引き継がれ、論争は絶えることがなかった。

幸いなことに、近年邪馬台国論争にかかわる重要な考古学発掘が相次いでいる。とくに、畿内からの出土品は、ヒミコの時代、すでに畿内には王権とよべるほどの遺跡が存在していたことを実証し、邪馬台国畿内説を唱える人々にとって、朗報がたてつづけに届いたのである。

この結果、邪馬台国論争は再び活発化する可能性があるが、吉野ヶ里《よしのがり》遺跡によって意気消沈していた畿内派が勢いを得たことは事実としても、考古学＝畿内、文献＝九州という二つの流れの存在が再確認されたにすぎないと筆者は考えている。

それでは、邪馬台国論争はこのまま平行線をたどったまま、いつまでも解決されないのであろうか。

そうではあるまい。よくよく考えれば、文献＝九州、考古学＝畿内という今日の論争の火種の存在のなかに、すでに邪馬台国論争の答えは出ていると考えられるからである。

たとえば、『魏志』倭人伝を読むかぎり、邪馬台国が九州にあったことが確かであるならば、同じ時代の日本の別の場所に、九州をはるかに凌《しの》ぐ畿内の王国があったことを、なぜ『魏志』倭人伝は取り上げなかったのか、という謎を解くだけですべてが氷解するはずである。

しかも、ヒミコ（天照大神）の末裔《まつえい》・天皇家は、みずからの歴史書のなかで、祖神たちが九州に降臨《こうりん》し、九州からヤマトに向かったことを否定していない。そしてヤマトには、すでにニギハヤヒという大王が君臨していたことまで認めているのである。

これまでの経緯《いきさつ》から考えれば、『日本書紀』に示された神武のヤマト入りを単純に征服と決めつけることはできず、九州の天皇家とヤマトのニギハヤヒは、同等か、ともすれば立場は逆であった可能性が高く、考古学的にこの推理はすでに実証されていたことになる。

すなわち、九州（天皇家、倭、邪馬台国）、ヤマト（物部、モノの国）二つの王国の存在を無視して邪馬台国を論じることは、もはや不可能といわざるをえないのではあるまいか。

したがって、邪馬台国論争の本質的な問題は、なぜ『魏志』倭人伝が九州周辺の記述に精力を使い果たし、ここから東のようすを無視してしまったのかという点に

▲**吉野ヶ里遺跡**　脊振山から舌状にのびた台地上にある（佐賀県神崎町）

あるように思えてならない。そして、答えはすこぶる単純なことのように思える。

九州の邪馬台国が畿内の情報を意図的に隠匿《いんとく》することで、日本列島を代表する国家は〝倭国〟であるという印象を魏《ぎ》に与え、外交戦の謀略をめぐらせ、ついに〝親魏倭王〟の称号を獲得することに成功したのではないかと考えられるからだ。

この当時の地理観からして、東アジアの中心を形づくる国の一つ、魏から称号を得たことは、日本列島の住民にとって大きな意味をもっていたはずである。〝倭国王〟の権威は揺るぎないものになったであろう。

日本列島の真の実力者・ヤマトの〝モノ〟の一族は、この倭国王を取り込み、王権を譲るかわりに実権を確保することでヤマト朝廷が誕生したとすれば、邪馬台国、神武東征の謎は、霧が晴れたようにはっきりとするのではあるまいか。

▼鬼の国・ヤマトが天皇家を引き寄せた!?

ここで注目したいのは、『旧唐書《くとうじょ》』『新唐書』に残された、たった数行の記述のことなのである。

「日本国は倭国の別種なり。その国日辺にあるを以《もっ》て、故に日本を以て名となす。あるいはいう、倭国自らその名の雅《みやび》ならざるを悪《にく》み、改めて日本となすと。あるいはいう、日本は旧《もと》小国、倭国の地を併《あわ》せたりと」

これは『旧唐書』倭国日本伝の記事である。一方、『新唐書』日本伝にも、同様の記事が載る。

「国日の出《い》ずる所に近し、以《ゆえ》に名となすと。あるいはいう、日本は乃《すなわ》ち小国、倭のあわす所となる、故にその号を冒《おか》せりと」

これらの記述に現われた〝二つの日本〟の〝合併〟が、いったいいつ起きたのか、まったく明らかではない。そして『日本書紀』がこのような現象がほんとうにあったのかどうかについて、まったく口を閉ざしているために、この貴重な証言は、でたらめであるとさえいわれてきた。

しかし、唯一《ゆいいつ》〝二つの日本〟が存在し、しかも〝合併〟したのではないかと疑われる事件が一つだけある。それは、神武東征と、ニギハヤヒの禅譲《ぜんじょう》なのである。

神武天皇は東の方角＝日辺に都にするにふさわしい土地のあることを知り、ヤマトに向かう。しかしその一方で、すでにこの地にはニギハヤヒなる人物が降り立っていたことを知っていたという。そして、神武のヤマト入りを後押ししていたのは、ほかでもないニギハヤヒを筆頭とする物部一族であった。

とするならば、考古学上ヒミコの邪馬台国であってもおかしくはないとされる畿内の王権は、ニギハヤヒの血統、〝鬼の国〟であり、邪馬台国によって抹殺《まっさつ》された〝闇《やみ》の王国〟ではなかったか。

そして、天皇家の成立は、神武天皇の一方的な〝征伐〟ではなく、〝闇の王国〟の協力によってなし遂げられたのではないかという疑いが強まる。むしろ、〝闇の王国〟が主導権を握り、合併策が練られたのではないかとさえ思われてくるのである。そこで神武東征を振り返れば、いくつもの不審点があぶり出されてくるのである。

たとえば、神武天皇の一行が九州を出てからヤマトに至るまでの間、つねに何者かによって導かれるようにしている。そして、その者たちは、ことごとく〝国津《くにつ》神《かみ》〟を名乗っている。

神話の世界で国津神は、天皇家の祖神・天津《あまつ》神《かみ》と対立する者たちであった。スサノオは国津神の娘を娶《めと》ることで同化して国の主となろうとしたし、その末裔・大国《おおくに》主《ぬし》神や事代主《ことしろぬし》神は国津神となっていったのである。

出雲の国譲りによって天津神と国津神の対立はなくなるが、征服者・天津神、被征服者・国津神という図式は、『日本書紀』によって明確に示されたのである。

この国津神が、かなり積極的に神武ヤマト入りの先導役を務め、多くの危難を救っていることを無視することはできない。『日本書紀』はニギハヤヒを天津神出身とし、天皇家と同族であったニギハヤヒからの禅譲はあくまで国の引き継ぎであるとするが、『日本書紀』がニギハヤヒを天津神と断定しながら、その根拠となる系譜を掲げることができなかった事実は重大である。

つまり、ニギハヤヒは『日本書紀』の証言とは裏腹に、実際には大物主神で出雲神＝国津神であったのだから、先の国津神たちの行動は、むしろ当然の成り行きだったといえるだろう。国津神の王、〝鬼〟の王ニギハヤヒの命令で国津神たちが動き、神武をヤマトまで連れて来たことになるからである。

▼鬼に囲まれた天皇家

このように、神武東征＝ヤマト朝廷誕生の立て役者が、これまで考えられてきたような天皇家ではなく、むしろ立場は逆で、命運をヤマト側に握られていたようすは、〝ヤマト〟の陣地取り、領地争いに如実《にょじつ》に現われているように思われる。

もし神武東征が、『日本書紀』にあるように武力制圧であったならば、彼らが真っ先に行なうべきは、この盆地周辺の軍事拠点の獲得であったはずである。

それでは、戦略的に不可欠な地はどこであろうか。

神武東征に際し、長髄彦《ながすねひこ》が生駒《いこま》山を背に陣を構えたように、ヤマトの防衛という点で、盆地西方を南北に縦断する生駒、葛城《かつらぎ》山系は、最も重要な意味をもっていた。

晴れた日には難波《なにわ》方面ばかりか、水運の要《かなめ》、瀬戸内海まで見渡せるこの地は、軍事目的だけではなく、政治、流通、情報のどれをとっても、政権にとって欠かせない拠点だったのである。

ところが、ヤマトに入った天皇家は、なぜかこれらの山系に手をつけられないのである。それどころか、山系の両側を豪族らに牛耳《ぎゅうじ》られ、手も足も出ないありさまであった。

問題は、この山系を占領した者どもが、物部、蘇我《そが》といった〝鬼〟の一族たちであったことにある。

たとえば、蘇我入鹿《いるか》の亡霊は葛城山から生駒山へ飛び、鬼の神社のある住吉へ飛び去ったが、これはどちらの山も蘇我系豪族の山々であったことと無縁ではない。

ちなみにこれらの山々は、のちに山岳信仰・修験道《しゆげんどう》のメッカとなってゆくが、彼らが天狗《てんぐ》ともよばれ鬼と目されていたことには、深い歴史があったと考えられる。

▼ヤマト誕生と鬼の国・東国の混乱なき共存

鬼に囲まれた天皇家——こうして見てくると、これまで通説で語られてきたヤマト像がもろくも崩れ落ちてしまうことに気づかされるはずである。

それにしても、なぜヤマトはこれほどまでに鬼で満ちあふれていたのだろうか。

そして、このヤマトに群がる鬼たちの正体とは何であったのか。

ここで、ヤマトの鬼の正体を知るために、少し遠回りをしなければならない。

じつは、〝ヤマト誕生〟を語るうえで、これまで見過ごされてきたのが、蝦夷《えみし》という鬼の盤踞《ばんきよ》する東国社会の動向であり、ヤマトと東国、鬼と東国の関係のなか

ヤマト豪族勢力分布地図

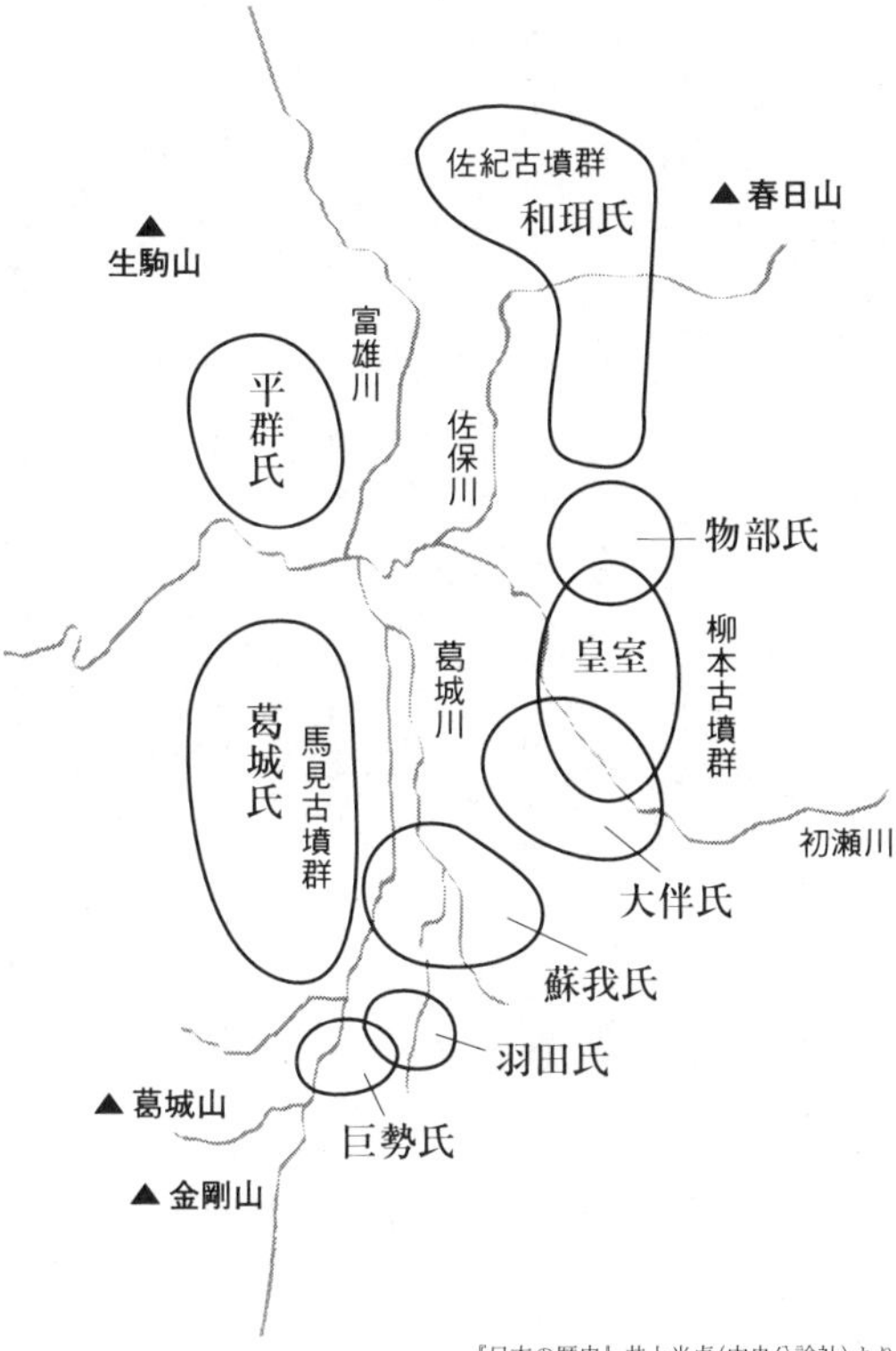

『日本の歴史』井上光貞(中央公論社)より

に、多くのヒントが隠されている気がしてならないのだ。

というのも、これまでヤマト誕生の謎解きは邪馬台国問題をめぐって西国を中心に動いてきたが、同時期、東国では不可思議な現象が起きていて、ヤマト誕生と密接な関係にあったと考えられるからである。

そこで目を転じて、鬼の王国・ヤマトの謎を探るために、四世紀前後の東国の状況を考えておきたいのである。

『日本書紀』に従えば、東国が明確にヤマトの支配下に入ったのは、崇神天皇の時代ということになる。武内宿禰《たけのうちのすくね》が東国視察に遣わされ、蝦夷の棲《す》む東国は土壌の肥えたよい土地であること、これを討ち、奪うことを進言した。これを受けて崇神天皇は兵を挙げ、大彦命《おおひこのみこと》と子の武渟川別《たけぬなかわわけ》を東国に遣《つか》わし、福島県付近まで進軍させたというのである。崇神天皇がハツクニシラス天皇＝はじめてこの国を治めた天皇と称されたのは、この東国平定が国の基礎を形づくったためだったと『日本書紀』はいう。

このような『日本書紀』の記述が、はたして史実をどの程度反映していたのかが疑われるが、たんに絵空事《えそらごと》と片づけてしまうわけにはいかないようなのだ。というのも、『日本書紀』の証言とほぼ合致するように、四世紀、福島県から関東地方に

▲**熱田神宮**　ヤマトタケルが草薙剣を預けたのが起源という（名古屋市）

かけて、急激な変化、しかも突然のヤマト化が進行していたからである。

なぜこのようなことが断言できるかというと、考古学上のおびただしい発掘調査の結果、三世紀後半から四世紀にかけて、北陸、東海、畿内から大量の移民や新たな様式の土器が流入し、巨大古墳文化が華《はな》開いたことが明らかにされたためであった。

弥生《やよい》時代前期、名古屋から東側が容易に稲作を受けつけなかったことはよく知られるが、実際この地域の土器は、土着の色合いを強く残し、武内宿禰が蝦夷の盤踞《ばんきょ》する地と称したように、縄文《じょうもん》的風土の根強い地であった。

それにもかかわらず、四世紀前後、忽然《こつぜん》とヤマト的な文化が流入したとすれば、それは『日本書紀』の証言どおり、ヤマトの侵略が事実であった可能性を高めるのである。

ところが、ここから話はややこしくなる。

たしかに四世紀、東国は激的変化を果たしたが、武力によって制圧された痕跡《こんせき》がなく、それどころか、新たな移住者と先住民のみごとなまでの棲み分けがなされ、この移住者たちの手で、それまで開拓されず手つかずに残っていた場所が、農耕地へと変わっていったのである。

つまり四世紀、ヤマトと東国は、混乱なき共存を突如《とつじょ》はじめたことになる。

▼ヤマトが東国を征服していない証拠

興味深いのは、このような東国の変化について、古代社会のなかで二つの見方がすでに出ていたことである。

たとえば、『日本書紀』の東国観は、つねに武力支配の対象でしかなかった。ところが、『古事記』の場合、かならずしもそうとはかぎらない。

最もわかりやすいのは、崇神天皇の孫に当たる第十二代景行《けいこう》天皇が、ヤマトタケルを東国に遣わす場面であろう。

『日本書紀』によれば、景行天皇は東国に向かうヤマトタケルに対して、次のように諭《さと》したという。

「王化に従おうとしない蝦夷たちに対し、深慮遠謀をもって威を示したうえで、従う者は徳をもって接して臣従させなさい。そして、言葉を巧みに操って暴《あら》ぶる神を鎮め、もし従わなければ、武力をもって悪賢い鬼どもを討ち払え」

この父の言葉にこたえ、ヤマトタケルは、

「辺境の蝦夷たちに対し徳をもって接しますが、もしこれに従わないのであれば、兵を挙げて討ち取りましょう」

と語ったという。

つまり二人のやりとりは、武力による東国鎮圧もやむをえぬこととしている。

反対に、『古事記』には、次のような景行天皇の言葉がある。

「東国の荒ぶる神、またまつろわぬ人々を、言向《ことむ》け和平《やわ》せ」

すなわち、東国のまつろわぬ人々を説得し、和平協定を結んでこいと、まったく武力侵攻のにおいを感じさせないのである。

この二つの文書の異なる見解のどちらが正しかったのか、それは考古学的にはすでに実証されている。

関東各地の遺跡は、ヤマト朝廷が東国との対決を避け、懐柔《かいじゅう》と同化によって取り込んでいた事実を物語っているのである。

しかしここで、一つの疑問が浮上する。

これまで、ヤマト朝廷の誕生は天皇家の東進、ヤマトの征服であったと考えられてきた。そして、この延長線上にヤマトから先、東国征伐と支配が推理されてきたのである。もちろん、このような考え方は、『日本書紀』が示した図式であり、疑われることはなかった。

ところが、東国武力制圧という『日本書紀』の証言が偽証であった可能性が高くなったこと、第一〝ヤマト〟は天皇家の一方的な支配ではなく、むしろ〝出雲・物部〟によるお膳《ぜん》立てがあったことで成功したらしいことがわかってみると、西から東への支配地域の拡大という単純な図式を組み込むことはできなくなるはずなのである。

▼天皇は鬼に共立されていた!?

ここで思い出さなくてはならないのが〝鬼〟なのである。

天皇家はヤマトの地で、〝鬼〟に囲まれるようにして暮らし、しかも〝鬼〟を祀《まつ》っていた。この〝鬼〟は、そもそも〝モノ〟であり、遠く縄文時代、日本列島の伝統的な宗教だったアニミズムという宇宙観から発生、派生したものである。

この日本列島の伝統を引き継ぎ、〝モノ〟を司《つかさど》る一族へと成長していったのが物部氏であるならば、この一族が、東国縄文人の末裔・蝦夷たちと〝鬼《モノ》〟という共通項で結ばれていたのではないかという疑いをいだくのである。

そして、ヤマトの地で天皇家が〝鬼〟によって擁立され、同時に東国に混乱なきヤマト化が進行していたのであれば、この政変劇に東国が一枚かんでいたことを疑ってみる必要があろう。

〝ヤマト〟は西から東に向かったのではなく、ヤマト（物部）を中心とする東国が、西国（天皇家）を引き寄せたのではないかとする推理である。

なぜこのような常識はずれの発想が生まれたかというと、それは、日本の王権を生み出すシステムに、〝共立〟、すなわち一人の独裁者が強大な権力を握って王国が成長してゆくのではなく、多くの首長たちによって選ばれた者が擁立されるシステムがあったと考えられるからである。

『魏志』倭人伝には、邪馬台国の女王の出現をめぐる、次のような記述がある。

「その国、本また男子を以て王となし、住《とど》まること七、八十年。倭国乱れ、相攻伐すること歴年、乃《すなわ》ち共に一女子を立てて王となす。名づけて卑弥呼という」

これによれば、倭国はもともと男子を王としていて、七、八十年在位していたが、国が乱れ対立、抗争へと発展したために、ヒミコを立てることで、混乱を収拾したという。

ヒミコが天皇家の祖・天照大神ではないかとする説はすでに紹介した。この天皇家の祖が実力でのし上がったのではなく、混乱収拾のために〝共立〟されたとする『魏志』倭人伝の記録は大きな意味をもつように思われる。

すなわち、弥生時代後期、この日本列島に発生した無数の首長国は、しだいに周りの弱小国を併呑《へいどん》し、いくつかの国にまとまりつつあったのであろう。

中国大陸であるならば、そのなかの最も強い国が生き残り、他を征服して統一国家をつくろうとしたにちがいないが、〝倭〟が、話し合いによって樹立されたのだとすれば、そののち王を共立するという伝統が残ったとしてもなんの不思議もなく、しかも天皇家誕生の経緯とその後の天皇家の立場を考えると、ヤマトの王権も、ヒミコと同様〝共立〟された可能性は高いはずなのである。

しかも、この王権を生み出した者たちが〝鬼〟であり、出雲や物部だけでなく、東国の鬼どももからんでいたとするならば、東国社会四世紀の突発的で平和的な激変と、この事実を必死になって抹殺しようとする八世紀朝廷の思惑《おもわく》がかすかに見える気がする。つまり、天皇家が東国を平定したことにしなければ、天皇という王権の本質を見破られてしまう危険すらあったのではないかと推理するのである。

▼〝ヤマト〟建国の秘密を握る建御名方

ところで、一見奇を衒《てら》ったかのようなこれらの推理を働かせる理由は、出雲や物部が、実際に東国に深くかかわっていたにもかかわらず、その証拠となる神の存在を、『日本書紀』が故意に無視してしまっているからでもある。

▲諏訪大社　主祭神は建御名方（諏訪市）

　これまで、歴史家たちにまったく見向きもされなかった悲劇の出雲神・建御名方《たけみなかた》である。

『古事記』の神話には、大国主神や事代主《ことしろぬし》神らが天皇家（天津神）に恭順の意を示すなか、ひとり建御名方のみが出雲国譲りに最後まで抵抗し、ついに出雲を追われ東国に逃れたと記録されている。

建御名方は信州諏訪《すわ》まで落ち延び、二度とこの地を離れないことを条件に助命されたのである。

ちなみに、この神が諏訪大社の主祭神となって多大な信仰を集めたのは、中世武神としての性格を強めたことが大きな理由の一つだが、信州地方には、武神となる以前の古代の伝承が多く残されている。そしてこれらの伝承には、この神が開拓神、農業神、水難鎮護の神であったという共通のテーマが流れている。

すなわち、それまで手のつけられなかった湿地帯や湖であったところを干拓し、水田を広げ土着の人々と融合していったというのである。

この建御名方の生きざまは、まさに三〜四世紀、東国の激変を彷彿《ほうふつ》とさせるのではあるまいか。西国からの移民の流入、土着民との共存、そして移民の手による新農地の開墾、どれをとっても建御名方の動きは、東国の動きとそっくりだからである。

さらに指摘しておかなくてはならないのは、物部氏の同族で東海に本拠地をもつ尾張《おわり》氏が、なぜか建御名方伝承との重なりを見せ、その祖神・天香山命《あまのかぐやまのみこと》（大物主神の子）は、やはり開拓神として東国で建御名方とそっくりな行動をしていることである。

とするならば、物部一族による東国進出と開拓は、建御名方という神話のなかに象徴的に現われ、しかも『日本書紀』によって抹殺されていたのではないかという疑いを強める。

あらためて述べるまでもなく、建御名方は出雲神であり、尾張氏同様、物部一族だったからである。

さらに、四世紀の〝東国の激変〟と建御名方との関連を裏づける傍証はいくつもある。

たとえば、東国の大量入植には二つの段階があって、まず三世紀に北陸、東海から、そして四世紀になって畿内からの入植があったとされるが、東海は尾張氏の地盤、片や北陸は建御名方の母方とつながっていたことは興味深い。

また、北陸から関東に入って来た土器の流入ルートが、ほぼ建御名方の逃亡の足跡を追うようにしていること（詳細は拙著『いま蘇る縄文王国の全貌』）は、いったい何を意味しているのだろうか。

ここに、建御名方神話を架空《かくう》のおとぎ話として無視することのできない歴史の裏側を見る思いがするのである。

ただここで、建御名方の正体について深追いするつもりはない。出雲の国譲りと建御名方の東国入りには、かなり複雑な要素がからんでいるため、この謎解きは他の拙著にゆだね、ここでは、出雲神・建御名方の東国入りと東国の受け入れという説話が抹殺されていたという一点にしぼってみたいのである。

つまり、抹殺されたということは、出雲神・建御名方の東国入りに、ヤマトをめぐる歴史の真相が秘められていたことの何よりの証拠であり、出雲＝物部と東国がどのようにかかわっていたのかが、大きな意味をもってくるはずなのである。

▼出雲＝物部は蝦夷だった!?

そこで、物部（出雲）を東国という視点で見つめなおすと、興味深い事実が次々と浮上してくるのである。たとえばそれは、ヤマトの地で顕著なかたちで現われてくる。ニギハヤヒを君主として仰いでいた長髄彦《ながすねひこ》という存在である。

『日本書紀』の記述に従えば、ニギハヤヒがヤマトの大王になるきっかけは、土着の首長・長髄彦の妹を娶《めと》ったことだったが、この長髄彦がそもそも蝦夷であったとする説がある。

たとえば『白鳥伝説』(集英社文庫)の谷川健一氏は、〝すねが長い〟という修辞語は、蝦夷特有のものであったと指摘する。八掬脛《やつかはぎ》(八握り＝約八〇センチのすねをもった人)という、やはり長いすねを表わす修辞語が、土蜘蛛《つちぐも》とよばれる夷狄《いてき》に対して使われているのは、先住民(縄文人)の手足が長いという身体的特徴を誇張した蔑称《べっしょう》と考えられたのである。

実際、『日本書紀』のなかで、九州から東へ向かった神武天皇の一行が、ヤマトのまつろわぬ者どもをさして〝エミシ〟とよんでいることからも、長髄彦が〝蝦夷〟ととらえられていたことは確かである。とするならば、物部氏は建御名方が東国へ逃亡する以前から、すでに蝦夷との関係をもち、しかも蝦夷たちの手で擁立されていたことになる。

蝦夷という鬼に擁立された出雲という鬼、これはまさしく鬼(物部)に擁立された天皇家とそっくりな図式だが、両者を決定的に峻別《しゅんべつ》するのは、蝦夷・長髄彦がニギハヤヒを受け入れ、逆に天皇家を拒絶したことにある。この理由をあえて出すとするならば、長髄彦にとって天皇家よりも〝出雲〟のほうが身近な存在だったからではあるまいか。

この推理を裏づけるかのように、出雲神たちが長髄彦同様、蝦夷的で縄文人的な体質をもっていて、しかもこの特徴が『日本書紀』などのなかで、半ば蔑視を込めて繰り返し語られたのではないかと思われるふしがある。

日本土着の縄文人は、弥生時代以降流入した渡来人と比較すると、丸顔で手足が長く、体毛が濃いという身体的特徴をもっていたが、出雲神たちも、あたかも縄文的体質をもっていたかのように語られることが少なくなかった。

すなわち、出雲神には〝八束鬚《やつかひげ》〟という他には見られない独特の修辞語があって、これは体毛の濃かった縄文人の身体的特徴そのものとする説がある。ヤマトの蝦夷の首長・長髄彦が縄文人の体質〝長いすね〟を名として与えられたのとまったく同じ意味をもっていると考えられるのである。

また、他の拙著で繰り返し述べてきたように、出雲地方の方言が蝦夷の本拠地、東北地方と似かよっていること、出雲神たちが非農耕民の信仰を集める例が多いことなど、出雲や物部を縄文的とみなせる傍証は数多く存在するのである。

▼鬼・縄文人と融合した渡来人

ただそうはいっても、ヤマトに巨大な勢力をもっていた物部氏が、紀元前に滅亡したと思われてきた縄文人の末裔であったとは、にわかに信じがたいであろうし、

〝出雲〟が渡来人であったとする説のほうが根強いのも確かなことである。

もちろん、出雲＝物部が純粋な縄文人であったことを信じているわけではない。しかし、それでも出雲の土着性にこだわるのは、彼らのアイデンティティのありかが日本土着の宗教観に根ざしていると考えるからである。すなわち、彼らが神話のなかで土着の国津神と同化していったようすが描かれるように、彼らの心は、土着の宗教観に染まってゆき、だからこそ東国蝦夷たちと接点をもち、四世紀、東国とともにヤマトを誕生させることができたのではないかと考えるのである。

このあたりの事情は、土着民・縄文人と渡来人の混血が進み、〝日本人〟が誕生してゆく過程を見つめなおせば、理解いただけると思う。

これまでの常識で考えれば、紀元前三〜四世紀、九州北部に流入した渡来人（稲作民）は一気に西日本を席捲《せっけん》し、征服したということになろう。この勢いはとまらず、東国の縄文人たちも、徐々に稲作技術に適応してゆくと、やがて三世紀、九州から東へと進む弥生以来の流れはヤマト朝廷を生み出し、列島の先住民・縄文人たちは、もし生き永らえていたとしても、東北の一部でひっそりと暮らすようになったと考えられてきた。

縄文時代から弥生時代には断絶があるかのようで、縄文人＝滅び去った者たちというイメージが強かった。

ところが、考古学の発展によって、近年このような常識に対する疑問がいくつか提出されるようになってきた。そしてこの結果、縄文の断絶と渡来人の征服という図式は、少しずつ改められ、縄文人が新来の文化を率先して受け入れ、渡来人の流入、共存、同化を経て、連続的に歴史は進行したのではないかと考えられるようになっているのである。たとえば、渡来人の出現以前、縄文人のなかにはすでに稲作をとり入れていた人々もいたらしいこと、また渡来人流入後も両者の文化は混ざり合っている例が多く、縄文人的な集落と渡来人的な集落が同じ地域、同じ時代に共存していた痕跡《こんせき》が西日本の遺跡で散見できるというのである。

金関恕《かなせきひろし》氏は、これらの事実をふまえたうえで、新しいパラダイムの試案と銘打《めい》って、次のように述べている。

(一)稲は、他の畑作物と共に、遅くとも縄紋時代の後期ごろには伝えられ、おそらくは陸稲として採捕生活者たちの間で長い期間栽培されていた。

(二)水田農耕文化は朝鮮半島南部から伝来したであろうが、そのころ北部九州との間には相当密接な交流があり、縄紋の人々は新しい生活を始めるに当たって、必要な文化要素を選択的に採用した。

（三）日本列島内における水稲農耕文化の広がりも、従来考えられていたような、新移住者による急速な文化移植現象ではなく、むしろ在地の縄紋人が主体的に受容したものである。（後略）

（『弥生文化の成立』金関恕＋大阪府立弥生文化博物館編・角川選書）

つまり、渡来人たちは縄文人を征服したのではなく、また縄文から弥生への移行を選択したのは、縄文人自身であり、だからこそ両者は対立することなく、共存の道を容易に選びえたということなのである。そして「弥生人」とは、これまで考えられてきた渡来人をさすのではなく、縄文人が弥生人になったのであり、この弥生社会に次々と渡来人が融合していったと考えられるようになったのである。

このあたりの経緯は、渡来人たちの立場に立ってもいえることである。

そもそも、渡来人たちがなぜ危険を冒《おか》してまで海を渡ったかといえば、この当時中国大陸が騒乱期に入っていたことと無縁ではないとされている。すなわち、彼らは亡命、避難を目的に海を渡ったと考えられる。

彼らの人数は、のちの世の人々が累計を数えれば膨大《ぼうだい》な量にのぼっても、渡って来る人々にすれば、異国の異民族の土地に限られた数の船で漂着するのであり、それは何年にもわたって繰り返されていった。

したがって、彼らは戦乱を求めて海を渡ったのではなく、日本を乗っ取ろうなどと野望をもつ余裕はなかったと考えるのが常識的であろう。彼らは先住民・縄文人のなかに、なんとかしてもぐり込み、安定した生活を望んだにちがいない。

幸い、縄文人たちの宗教観が、彼らを受け入れることに大きく貢献したと思われる。狩猟採集を一万年にわたって営み、神に恵みを感謝し、万物すべてに神が宿ると信じていた縄文人には、そもそも私有という観念が乏しく、土地を自分のものにするという発想が欠如《けつじょ》していた。もちろん、共同体の縄張りを侵す者に対しては武力を用いただろうが、共同体の内部に入って来る者に対しては寛容であった。

▼日本人の深層に流れるアイデンティティ・鬼

問題は、西日本の縄文人と渡来人の混血児たちが、アイデンティティをどこに求めようとしたのかにある。

彼らは稲作技術を受け入れ、あるいは広め、共存の道を選んだ。両者には根本的に異なる宗教観があり、異なる顔、体質をもっていたはずである。

共存し混血を重ねる過程で、彼らはどのような宗教を選び、どのような民族となっていったのであろうか。

「西日本は、渡来集団の文化と在地の縄紋集団の文化が接触して、文化習合を生じた場である。この文化変容の過程で、渡来文化のような、より大きな影響力をもった文化が、いくらかの強制をともなって縄紋文化を圧倒したとしても、その後に主として精神文化の面で一種の土着化現象（リヴァイタリゼイション）が見られることは興味深い。例えば、弥生土器を飾る幾何学的な紋様の出現などは、その制作者が縄紋系土器文化の継承者であったことを暗示している」（『弥生文化の成立』）

この金関氏の指摘は興味深いものといえるだろう。

西日本は東日本に比べて、もともと縄文人の過疎地域であった。だからこそ、弥生人の流入は、東日本とは比べものにならないほど早かったのであり、弥生文化が華《はな》開いたのである。

ところが、物質文明的な変化が顕著であったにもかかわらず、精神文化が土着的なままであった可能性が高いことは、〝出雲〟と〝ヤマト〟を考えるうえで、じつに興味深い。

なぜ〝ヤマト〟という西日本の中心に、長髄彦《ながすねひこ》という蝦夷が存在しえたのか。そして、なぜ〝出雲〟という土着的な体臭を強く放つ一族がヤマトの王となりえたのか。

日本人の先祖、一万年にわたって列島に住みつづけた縄文人の息吹《いぶき》、心の営みが、大陸からの亡命人を受け入れ、さらには対立ではなく、共存の道を選んで土着の精神性が引き継がれ、出雲というかたちで開花させたと考えられるのである。

つまり〝出雲〟は、弥生人を受け入れた縄文人、あるいは、両者の混血ののち、縄文的な宗教観を引き継いだ〝モノ〟の一族であったと考えられるのである。

九州地方で、だれよりも弥生的で外来的な集団をつくっていた天皇家にとって、東方の〝モノ〟の一族〝出雲〟の姿は、異民族〝鬼〟として映り、逆に東国社会から見れば、同じ宗教観をもった西方の〝モノ〟の一族〝出雲〟は、新たな農地を開墾し、生活を豊かにしてくれる〝神〟と映ったであろう。

そして、だからこそ物部という〝モノ〟の一族が天皇家を受け入れ東国を説得したとき、日本列島に強大な統一国家が誕生したと考えられるのである。

第5章

もう一つの鬼の国・伽耶と天皇家の秘密

コラム——金太郎と伽耶の話

「鉞《まさかり》かついだ金太郎」には本名がある。坂田金時《さかたのきんとき》がそれで、もともとは、坂田公時《きんとき》といった。

坂田公時は平安中期の武将・源 頼光《みなもとのよりみつ》の四天王の一人で、京都府西部(加佐《かさ》郡大江町と与謝《よさ》郡加悦《かや》町の境)の大江山の鬼・酒呑童子《しゅてんどうじ》征伐で活躍した人物だったのだ。もっとも、酒呑童子征伐は「物語」だから、坂田公時が実在したのかどうか、定かではない。

鬼退治をした金太郎(坂田公時)がなぜ童子の姿で語り継がれたのかについては、もはや説明する必要もあるまい。金太郎も鬼を退治する鬼だったのだ。

ところで、金太郎の母が山姥《やまうば》であったことはあまり知られていない。山姥は、山の神で、何でも貪欲《どんよく》に食べてしまう妖怪《ようかい》である。時には人も喰《く》らうことで恐れられた。

山姥は恐ろしい神だが、一方で、豊饒《ほうじょう》をもたらす神でもあった。このような二面性は、要するに「鬼」と共通で、山姥は日本的な神の属性を備えていたわけである。

ちなみに、時に祟《たた》り、時に豊饒をもたらす女神は、地母神《ちぼしん》信仰そのものといってよく、古く縄文《じょうもん》時代以来から引き継がれてきた民俗信仰でもある。

さらに興味深いのは、金太郎たちに滅ぼされた大江山の酒呑童子の周囲にも、「山姥」らしき女神が存在することだ。

大江山東南の山麓には、元伊勢大神宮の別称をもつ豊受大神社《とようけだいじんじゃ》があって、伊勢神宮の外宮《げくう》の祭神・豊受大神《とようけのおおかみ》のふるさとということになっている。

豊受大神の「豊」は「豊饒」の「豊」であり、その証拠に、伊勢神宮では、内宮《ないくう》の天照大神《あまてらすおおみかみ》に、外宮の豊受大神が食事の世話をしているのだという。

豊饒をもたらすのは地母神の「習性」であり、豊受大神は、日本を代表する「山姥」ということになろうか。その豊受大神の鎮座するすぐそばで、山姥の子・金太郎が鬼退治をしたという話ははたして偶然なのであろうか。ここに、異なる山姥信仰（豊饒の女神）をもつ新旧二つの勢力のなんらかの葛藤《かっとう》があったと推理するのは、茶気がすぎるであろうか。

また、大江山周辺の地名が加悦町であることも意味深い。

加悦町の地名の由来は、おそらく朝鮮半島南部の伽耶《かや》からきているのだろう。伽耶は六世紀に滅亡したが、古代日本と伽耶の交流は盛んであった。日本海にほど近い大江山や丹後《たんご》半島周辺には、伽耶や朝鮮半島とのつながりをうかがわせる地名や遺跡が多い。

このあとふれるように、『日本書紀』のなかで伽耶は「鬼の国」と目されている。とするならば、加悦町の鬼＝酒呑童子も、遠い昔、伽耶から渡来したものの末裔《まつえい》だったのかもしれない。

▼もう一つの鬼の国・伽耶

こうして、物部《もののべ》が縄文《じょうもん》の息吹《いぶき》を伝える鬼の一族であったこと、歴史に占める重大性は明らかとなったと思う。

とすれば、物部という鬼と蘇我《そが》氏や中世活躍するまつろわぬ鬼たちとの間には、どのような関係があったのかが知りたくなるのである。はたして〝鬼〟の歴史は一本の糸できれいに結ばれていたのであろうか。

ただここで話を進める前に、ぜひ述べておかなくてはならないことがある。それが朝鮮半島最南端に実在した幻《まぼろし》の王国・伽耶《かや》（加羅《から》）なのである。この王国こそ、鬼の秘密を握ったもう一つの鬼の国だったからである。

伽耶は、四世紀ごろ小国家がいくつも集まって誕生した連合国家であった。北方騎馬民族国家・高句麗《こうくり》の南下政策によって押された百済《くだら》と新羅《しらぎ》がつねに伽耶の領土をねらうという厳しい国際情勢にさらされ、西暦五六二年、自国の史料をすべて失うかたちで滅亡し、幻の王国となった。

日本側の史料『日本書紀』には、任那《みまな》として登場し、日本の植民地であったかのように記されているが、今日このような記述を鵜《う》呑《の》みにする説はまれで、逆に伽耶が日本を支配していたのではないかとさえいわれるようになってきた。

その発端となったのは、江上波夫氏の騎馬民族説であった。四世紀、騎馬民族は温暖な地を求めて南下し、半島最南端まで到達、伽耶の地を足がかりに日本まで食指を伸ばしたというものである。

この江上氏の説は一世を風靡《ふうび》し、これをきっかけに、半島から日本に侵略者が渡来し、王権を奪ったという発想は、次から次へと提出されるようになったのである。

たとえば、天皇家はそもそも伽耶出身であったとする説があるが、この説が説得力をもっているのは、半島最南端地域と天皇家の出身地と目される九州北部が、ほとんど同一の文化圏に含まれていること、天皇家は倭国《わこく》王で中国東南部からの渡来人〝倭人〟の王であった可能性が高いが、半島最南端の地域にも〝倭人〟が住んでいたとされていることによる。

したがって、まだヤマトに移る以前の天皇家と伽耶がさかんに交流し、あるいはこれが交流ではなく自国内の流通という意識すらあったかもしれず、天皇家が日本を武力支配したとする『日本書紀』の記述から考えれば、伽耶的な王国が日本を乗っ取ったという推理は、頭から否定されるべきものではない。

ところが、伽耶をめぐる問題は、ここから先が複雑になる。天皇家の歴史書『日

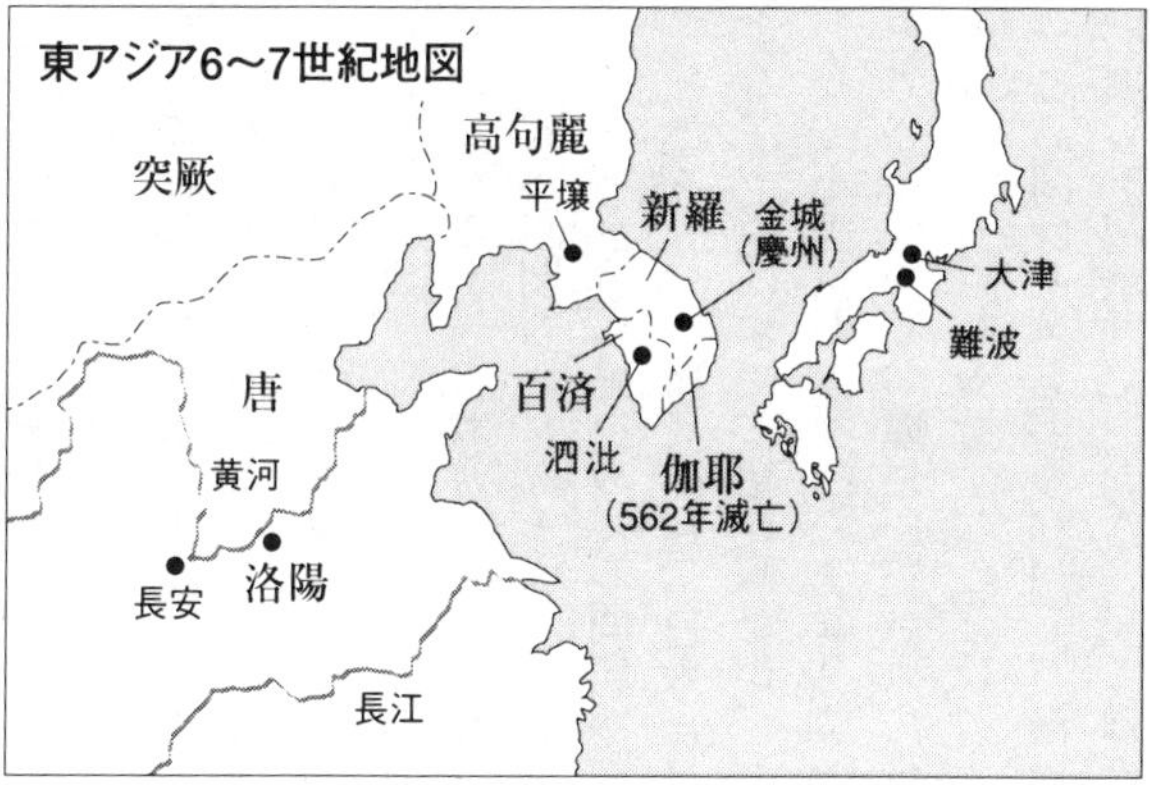

本書紀』は、なぜかこの伽耶を〝鬼の国〟と定義しているためである。

▼額に角を生やした伽耶王子

その例をいくつかあげてみよう。

最もわかりやすいのは、『日本書紀』垂仁《すいにん》天皇二年是歳《このとし》の条である。

ここには、一書に「云《い》はく」というかたちで、次のような記述がある。

「御間城天皇《みまきのすめらみこと》の世に、額《ぬか》に角《つの》有《お》ひたる人、一《ひとつ》の船に乗りて、越国《こしのくに》の笥飯浦《けひのうら》に泊《とま》れり。故《かれ》、其処《そこ》を号《なづ》けて角鹿《つぬが》と曰《い》ふ」

これによると、崇神《すじん》天皇の時代、額に角を生やした人が船に乗って越の国の笥飯の浦に着いたという。その人物に角が生えていたことから、この場所を角鹿とよぶようになったというのである。そして、どこからやって来たのかを問うと、〝意富加羅国《おおからこく》〟の王子で名はツヌガアラシトであったという。日本に聖皇《ひじりのきみ》がいると聞きつけて、こうして帰化しに来たと語ったことが記録されている。

さて、額に角の生えた人など現実にいるはずがなく、一説にはこの人物が王子であったところから、王家出身のしるしとして冠をかぶっていたのではないか、あるいは、ツヌガアラシトという名称が〝角のある人〟と聞こえることから起こったともいわれるが、これは素直に〝鬼〟と解すべきであろう。

これから明らかになるように、ツヌガアラシト個人だけではなく、伽耶という国のあり方自体に鬼をめぐる問題が隠されているためである。

ところで、半島最南端、日本に最も近い国・伽耶が、騎馬民族に蹂躙《じゅうりん》されたとする江上説はすでに紹介したが、もしそうであるならば、なぜ伽耶は統一されることなく小国家が集まったまま独立を保ちえたのであろうか。しかも伽耶は滅亡寸前まで高句麗や高句麗に圧迫されて南下する百済、新羅と交戦を繰り返していたのだから、江上説を支持することはできない。

この国は、多島海を利用した海運、通商を生業《なりわい》とし、自由を重んじ、投機と冒険に満ちた国家群であったと見るほうが理にかなっていよう。そして、彼らのたいせつな輸出商品は、自国で生産する大量の〝鉄〟だったのである。

じつは、伽耶が古代東アジア有数の〝鉄〟の国であったことが、伽耶を〝鬼〟の国とみなす一つの原因になったらしい。

▼鉄の国・伽耶が鬼であった理由

鉄の古字は〝銕〟で、なぜ金へんに夷の字をあてたのかといえば、その思考の根元には、

「産鉄民をエビス・忌み衆とする賤視《せんし》観念がトグロを巻いていた」（沢史生『鬼の日本史』彩流社）

からともいわれ、産鉄民が〝鬼〟とみなされていたことは、いくつもの伝承からもうかがえる。

たとえば、奈良時代に記された『出雲国風土記《いずものくにふどき》』大原郡阿用《あよ》の郷《さと》の条には、古老の伝承というかたちで、阿用の地名の由来を次のように記している。

「或人《あるひと》、此処《ここ》に山田を佃《つく》りて守りき。その時、目一《めひと》つの鬼来《きた》りて、佃る人の男《をのこ》を食《くら》ひき。（中略）その時、食はるる男、『動動《あよあよ》』といひき。故《かれ》、阿欲《あよ》といふ」

つまりこれによると、昔ある人がこの地に田を耕作して暮らしていた。ところ

が、目が一つの鬼がやって来て、この男を食べてしまった。食べられるとき、男が「あよ、あよ」と声をあげたので、「あよ」が地名になったという。

問題は、出没した鬼の目が一つであったことにある。目一つであるのは山の神の特徴的な姿であるとともに、製鉄と深いかかわりがあるとされている。

製鉄に必要なのは、豊富な燃料（木炭）と強い風（あるいはタタラ――製鉄用ふいご）、潤沢な水であり、すべての条件を満たすのは山の中である。したがって、当然のことながら製鉄は山の中で行なわれ、しかも製鉄炉の火加減を観察するとき、片目で行なうために、製鉄に従事する者たちはしだいに視力を落とし、〝一つ目〟の鬼となっていったとされている。

そして、製鉄が山中で行なわれていたこと、いわゆる〝良民〟（平地民、農耕民）ではない山の民がこれに携わっていたことが、製鉄民に対する恐怖心と蔑視《べっし》という心情に変わっていったのである。

また奈良時代以降発生した山岳密教・修験道《しゆげんどう》は、水銀などの鉱物への関心を強め、一種の錬金術によって永遠の命を得ようとしたが、彼らが天狗《てんぐ》であり、また鬼であったことは、一つ目の鬼の延長線上にあるといってもよいだろう。

したがって、〝鉄〟の国・伽耶が鬼の国と目されていた可能性は高く、額に角を生やした伽耶の王子・ツヌガアラシトが鬼であってもなんの不思議もなかったことになる。

▼鉄をめぐる出雲と伽耶——鬼の闘争史

問題は、ツヌガアラシトが、たんに鉄とのかかわりから鬼とみなされていただけではないらしいことなのである。

このあたりの事情は複雑なので、順を追って考えてみなければならない。

まず、ツヌガアラシトが来日したきっかけには二通りの伝承があって、一つは崇神天皇の徳を慕ってやって来たというもの、そしてもう一つは、本国から一人の美しい〝童女〟を追って来たというものである。

〝童女〟といえば、もう述べるまでもなく、鬼であり、ツヌガアラシトは鬼を追って来たことになるが、ここからこの人物は、他の鬼と多くの接点をもってゆくのである。

『日本書紀』のツヌガアラシト説話の直後には、天日槍《あめのひぼこ》（天日矛）なる人物が半島のもう一つの国・新羅から渡来した話が載せられるが、『古事記』のなかで天日槍はなぜか『日本書紀』のツヌガアラシトと同一視されている。

通説でも、伽耶王子ツヌガアラシトを神格化したものが新羅の天日槍であったとされているが、なぜ国籍の違う二人を同一視できるのかというと、ここには深い理由が隠されていて、その背景はのちに判明する。

　ここで注目しておきたいのは、第十代崇神天皇から第十一代垂仁天皇という歴史時代の人物であるはずの天日槍が、なぜか出雲神との間に激しい戦闘を繰り返していたとされる点なのである。

　たとえば『播磨国風土記《はりまのくにふどき》』揖保郡《いぼのこおり》の条には、次のような記事がある。

「天日槍が韓国《からのくに》から渡って、宇頭《うづ》の河口（揖保川）に来たとき、葦原志挙乎《あしはらのしこお》（大物主神《おおものぬし》の別名）に宿を求めた。『あなたは国の主だ。私が宿る場所を譲ってほしい』というと、葦原志挙乎は、海を宿とすることを許した。そこで天日槍は、剣をもって海面を勢いよくかき混ぜて宿とした。これを見た葦原志挙乎は、その武勇を恐れた」

　として、さらに同『風土記』宍禾郡《しさわのこおり》の条には、葦原志挙乎と天日槍の二柱の神がこの地を奪い合ったと記されている。

　〝鬼〟天日槍（ツヌガアラシト）が〝鬼〟アシハラノシコオと闘った記事は興味が尽きないが、出雲神が鉄とかかわりの深い神々であったとされるところから、この闘いを鬼同士の対立、鉄をめぐる利権争いという視点で見るとわかりやすい。
そして、天日槍が崇神天皇の時代、大物主神＝ニギハヤヒと闘ったとする記述は、神武という神話的天皇と崇神天皇を同一とする説から、ヤマト朝廷成立前後のできごとと読みなおすことが可能となるはずである。

▼少彦名神という童子

ところで、天日槍（ツヌガアラシト）と出雲神の戦闘記事の載る『播磨国風土記』の神崎郡《かんざきのこおり》の条には、やはり出雲神と、ある神との争いがあったことが記されていて、このことが、天日槍をめぐる問題に大きなヒントを与えている。

「昔、大汝命《おほなむちのみこと》と小比古尼命《すくなひこねのみこと》と相争《あひあらそ》ひて」

▲崇神天皇画像

つまり、大汝命（大物主神）と小比古尼命（少彦《すくなびこ》名《な》神）が争ったといい、さらに『伊予《いよ》国風土記』逸文には、この戦闘は結局、出雲神の勝利に終わり、少彦名が死にかけているのを見た大穴持命《おおあなもちのみこと》（大物主神）は後悔して少彦名を蘇生させようと温泉の湯を浴びさせたところ、少彦名は目をさましたという。

ちなみに、『日本書紀』の神話には、少彦名は大国主命（大物主神）らとともに、出雲を建国した神として知られるところから、これらの話をつなぎ合わせると、少彦名ははじめ出雲神と敵対していたが、戦いに敗れてからのちは逆に出雲神に同化していったことになる。

では、なぜここで少彦名の名を出したかというと、この神がどうも〝鬼〟であったらしいこと、そして、奇妙なところで、この神が天日槍（ツヌガアラシト）とつながってくるからなのである。

少彦名神の特徴は、親の指の間からこぼれるほどの〝小人〟だったことにある。このため、この神が一寸法師のモデルになったともいわれるが、少なくとも、この〝小さい〟ことが少彦名の名に〝少〟〝小〟のつく原因となったことは間違いない。とすれば、少彦名神は〝童子〟であり、やはり鬼であったことになる。

▼ヤマト建国と伽耶の活躍

さて、問題はここからである。

神功皇后摂政紀《じんぐうこうごう》十三年二月の条には、応神天皇《おうじん》が角鹿《つぬが》（越前国敦賀《つるが》）に赴き、この地の笥飯大神《けひのおおかみ》（天日槍、ツヌガアラシト）と名を交換したとする記事があって、この事件の直後に詠《うた》われた神功皇后の歌が残されている。

此《こ》の御酒《みき》は　吾《わ》が御酒ならず　神酒《くし》の司《かみ》　常世《とこよ》に坐《いま》す　いはたたす　少御神《すくなみかみ》の
豊壽《とよほ》き　壽《ほ》き廻《もと》ほし　神壽《かむほ》き　壽《ほ》き狂《くる》ほし　奉《まつ》り来《こ》し御酒《みき》そ　あさず飲《を》せ　ささ

〈現代訳〉この神酒は私だけの酒ではない。神酒の司で、常世の国におられる少御神が、側で歌舞に狂って醸《かも》して、天皇に献上してきた酒である。さあ、残さずお飲みなさい。

（日本古典文学大系『日本書紀』岩波書店）

笥飯大神（天日槍、ツヌガアラシト）と応神天皇の名の交換を、常世の神・少御神（少彦名神）が喜んだ。たったこれだけの平凡な歌ながら、裏にはいくつかの秘密がちりばめられている。

笥飯大神は気比《けひ》神宮に祀られる祭神で、この神社はツヌガアラシトと天日槍が来日した敦賀にあるところから、笥飯大神は天日槍らと同一と考えられている。この神と応神天皇が名を交換したのも奇妙だが、なぜ本来まったく関係のなかった少彦名神がここで忽然《こつぜん》と登場してきたのであろうか。

そこで注目されるのが、少彦名神の出身地なのである。

少彦名神は〝常世の国〟の神と神話は語るが、常世の国とは海のかなたの不老不死の国とされている。

一方、少彦名神は宮中で〝韓神《からのかみ》〟とよばれているから、『日本書紀』を記した朝廷の役人は、少彦名神が〝韓（加羅、伽耶）〟からやって来たことは知っていたはずである。それにもかかわらず、この具体的な地名を用いず、〝常世の国〟という架空《かくう》の国からやって来たとするのはそれなりの理由があったからであろう。そしてその理由は、〝韓、カラ、カヤ〟が日本に多大な影響を及ぼし、このことを朝廷が抹殺《まっさつ》したかったからであろう。

『播磨国風土記』が天日槍の出身地をやはり〝韓〟と伝えているにもかかわらず、『日本書紀』は新羅としていることも、事情は似ている。

天日槍はツヌガアラシトと同一人物であり、伽耶からやって来たのに、新羅として事実をねじ曲げようとしたのは、伽耶をめぐる朝廷の複雑な思いと、歴史の真相が隠されていたためであった。

ここでの問題は、少彦名神がツヌガアラシト同様、伽耶出身の鬼とみなされたことは確かなことであり、同一人物であった可能性が高いことで、一人の人物が三体

▲**気比神宮**　越後国の一宮として崇敬を集めた（福井県敦賀市）

に分けられてしまったとすれば、彼らが鬼の王国出雲へ接近していたことが、八世紀の朝廷にとってじつに不愉快な史実であったと想像できる点にある。

これに関連して興味深い事実が二つある。

まず第一は、紀元節（建国祭）の起源となった祭りに、〝園神《そのかみ》の祭り〟と〝韓神《からのかみ》の祭り〟があって、それぞれの祭神が園神（国の神）・大物主神と、韓神（伽耶出身の神）・少彦名神であった点にある。

そして第二に、『出雲の国 造《くにのみやつこ》の神賀詞《かむよごと》』のなかで、出雲を代表する四柱の神の一つに、カヤナルミなる名が登場していることである。

カヤナルミは伽耶の姫の意味であり、こ

の女神の存在を正史『日本書紀』がまったく無視しているところにも、出雲と伽耶がヤマト建国に大きな役割を果たしていたことを、かえって暗示しているといえよう。

▼朝鮮半島と日本を二分するライン

ヤマト朝廷誕生の裏側に隠されたもう一つの鬼・伽耶。本来、天皇家に近い存在であったはずのこの王国は、なぜ出雲に接近し、しかも八世紀『日本書紀』のなかでまつろわぬ鬼とみなされてゆくのであろうか。

その理由を知るには、ヤマト建国と伽耶の真の関係まで探る必要があるが、このあたりの事情について語り出すときりがないので、ここでは割愛する。

問題は、〝ヤマト〟が東西日本の融合であると同時に、この合併劇に伽耶も大きくからんでいたことは疑いようがなく（拙著『謎の出雲・伽耶王朝』）、三つの勢力が同盟関係に入り、その後の政局の動きのなかに、伽耶が鬼と目されてゆくほんとうの理由が隠されていたと考えられることである。

そしてもちろん、その後の政局のうねりのなかに、物部、蘇我、伽耶という鬼の一族たちの共通点が秘められていたのである。

そこでしばらく、伽耶とヤマトをめぐる流動する政局史に目を転じておきたい。

さて、三世紀半ばから四世紀に誕生したヤマト朝廷にとって、伽耶は同盟国であり、地勢上、ヤマトが東アジアで孤立しないために、最も重要な拠点であった。したがって、騎馬民族国家高句麗の南下政策が百済や新羅を圧迫し、心太式《ところてん》に伽耶に影響が及ぶことを恐れた五世紀のヤマト朝廷は、半島に積極的に軍事介入してゆくのである。

ところが、はじめは同盟国の権益を守る目的であった半島出兵にも変化が起きはじめた。半島での活躍がしだいに認められ、中国から天皇家が多くの称号を得るようになった時点で、本来物部氏という鬼に支配されていた天皇家は、実質的な権力を欲するようになり、雄略《ゆうりやく》天皇の時代、政治地図は塗り替えられてしまったのである。

▲雄略天皇画像

すなわち、国内では弱い立場にあった天皇家は、第三の国・百済を味方につけることで、実権を得ようと工作するのである。百済の伽耶への侵略を黙認することで、雄略が百済を引き寄せた経緯《いきさつ》を『日本書紀』も認めている。

雄略天皇は国内でも暴走した。

もともと皇位継承資格のなかった雄略は、有力皇族を次々と殺し、取り巻きの豪族たちにも被害は及んでいた。

最大の被害者は円大臣《つぶらのおおおみ》であった。雄略がねらった皇子を匿《かくま》ったために、邸宅に火を放たれ一族は滅亡する。問題は円大臣が、この当時最大の勢力をもっていた蘇我系豪族・葛城《かつらぎ》氏であったことにある。

さらに雄略天皇は、三輪《みわ》の神の姿を見てみたいといい出し、三輪の御神体・蛇を捕らえて宮中にひきずり出してしまっている。

三輪の神は大物主神であり、蛇はその憑代《よりしろ》であった。この雄略天皇の行為は、物部氏に対する愚弄《ぐろう》であり挑戦でもあった。

百済を味方につけることで天皇家が実権を得ようと企てたことは、このような経緯からほぼ察せられるが、この雄略天皇の暴走は、天皇家を共立していた豪族たちの反感を買う結果となる。

被害を受けた物部、蘇我というヤマトを代表する豪族たちは、やはり半島で百済の侵略に悩む伽耶と連帯し、さらには百済と対立する新羅をも巻き込んで、反天皇家組織をつくっていった気配が強い。

ここに、半島最南端と日本を二分する大きな潮流が生まれたが、ここで興味を引かれるのは、天皇家と百済を結ぶラインと、これに対抗する物部——蘇我——伽耶——新羅のラインが、後世、明確な色分けをされていることである。

もうお気づきのことと思うが、『日本書紀』は、天皇家に対抗するラインを構成する人々や国々のすべてに、鬼の烙印《らくいん》を押していることとなのである。つまり〝モノ〟に共立された天皇家は、この時点で〝モノ〟との対決に入り、八世紀の朝廷は、この〝モノ〟を〝鬼〟ととらえたことになる。

▼鬼の府・任那日本府と天皇家の暗闘

神＝天皇家と、鬼＝反天皇家の相克《そうこく》、雄略天皇が招いた五世紀東アジアの混乱と分裂は、『日本書紀』によって抹殺されてしまったが、思わぬところで実態をさらけ出している。それが任那日本府と任那復興会議なのである。

任那日本府といえば、日本による半島支配の拠点と考えられてきた。しかし、この行政府の存在は日本側の史料に見えるのみであって、他国の史料にまったく登場しないこと、日本が半島を支配していたのではなく、立場は逆だったのではないかとする推理の高まりのなかで、この存在が虚構であったとする説が有力になりつつある。

しかし、二つの潮流と対立という視点で『日本書紀』を丹念に読み返せば、この任那日本府という亡霊組織が、いったいなぜ『日本書紀』にのみ現われたのか、まったく新たな事実が浮かび上がってくるはずなのである。

というのも、任那日本府は、なぜか天皇家に逆《さか》らい、命令を無視しつづけ、とても天皇家の出先機関とは思えないからである。

伽耶滅亡（五六二）直前の欽明《きんめい》天皇二年（五四一）七月に、任那日本府と新羅が謀略をめぐらし、百済がこれを深く責め罵《のの》しったという記事が載り、欽明天皇四年には、欽明天皇から出された詔勅、〝任那日本府とともに任那を復興せよ〟を楯《たて》に、百済は任那日本府に対し、任那復興会議への出席をよびかけるが、任那日本府はこれを三度断りつづけたという。

それでも翌年十一月、任那復興会議はようやく開かれ、新羅と阿羅《あら》（伽耶の小国の一つ）の国境に城を築き、任那に兵を集めて新羅を駆逐するための策が練られたが、結局、任那日本府は、この決定を無視するのである。

さらに、欽明天皇九年四月には、高句麗の百済への攻撃に対し、任那日本府と阿羅が救援に向かわなかったので不審に思い調べてみると、任那日本府と阿羅は結託《けったく》し、高句麗に百済侵攻をそそのかしていたらしいことが判明したという。

不思議なのは、任那日本府に対する命令系統が、天皇家（朝廷）――任那日本府ではなく、つねに天皇家から百済を経由し、はじめて任那日本府に伝わっていることであり、しかもこれらの命令を、ことごとく拒否し、逆に百済を陥れようとしていたことは、異常な事態といえよう。

はたして任那日本府は、『日本書紀』が示すような天皇家の出先機関であったと信じてよいのであろうか。

その実情を見つめなおせば、この機関が雄略天皇のつくり出した天皇家――百済というラインに敵対していた者どもの組織であった可能性が高いことを思い知らされるはずである。

任那日本府は〝鬼の府〟だったのではないか。物部――蘇我――伽耶――新羅を結ぶ反天皇家、まつろわぬ者どもの思惑《おもわく》と、任那日本府の行動は、みごとに重なってくるのである。

▼鬼をめぐる蘇我と天皇の争奪戦

鬼の府・任那日本府と天皇家の対決が絵空事《えそらごと》と思えないのは、〝任那日本府問題〟

が起こる直前、日本国内に起きていた混乱が、やはり〝鬼〟と天皇家の対決という鮮明な図式を描いていたからなのである。

第二十五代武烈《ぶれつ》天皇はまれにみる暴君として知られるが、この人物が即位する直前、おそらく五世紀末期と思われるころ、ヤマトは王朝がひっくり返りかねない激震に見舞われていた。

ことの発端は、蘇我系豪族・平群《へぐり》氏の専横にあったと『日本書紀』は証言する。この当時、天皇家を圧倒するほどの力を備えつつあった大臣《おおおみ》・平群真鳥《まとり》は、国政を牛耳《ぎゅうじ》り、王位への野望をいだいていたという。

即位を間近に控えた武烈と平群氏の一触即発の危険な空気のなか、一人の女人をめぐる恋の鞘当《さやあ》てが、対立を決定的にする事件へと発展してゆく。

物部麁鹿火大連《あらかひのおおむらじ》の娘・影媛《かげひめ》を娶《めと》ろうとした武烈であったが、平群真鳥の子・鮪《しび》に先を越されてしまったのである。影媛が武烈の申し出を断わった時点で、両者の対峙《たいじ》は武力闘争へとエスカレートする。

兵士を差し向けた武烈は鮪を殺し、さらに真鳥の邸宅を囲み、一族を滅亡に追い込んでしまったのである。

それでも影媛は鮪の死を嘆くのみで、結局、武烈はこの女人を手に入れることはできなかったという。

ところで、『日本書紀』はこの事件の最後に、微妙な証言を行なっている。すなわち、平群氏を討ち滅ぼすことで「政《まつりごと》を太子（武烈）に反《かえ》したてまつった」というのである。

裏返せば、この事件ののちに武烈が即位できたのは、平群氏が政局を牛耳るだけではなく、王権をすでに奪っていたことを暗示しているのである。

そして問題は、一連の動乱の争点が〝物部〟争奪戦に象徴されていたことにある。すでにふれたように、物部氏はヤマト最大の豪族であり、皇后家の一つとして絶大な権力を有していた。

七世紀の蘇我氏が物部氏の財力で繁栄したように、物部氏をどちらが味方につけるかが政局の行方を左右していた状態が長くつづいていたことを思うとき、この争乱が王権をめぐる死闘であった蓋然《がいぜん》性はさらに高まるのである。

それでは、なぜ蘇我系豪族・平群氏が王権を奪おうとしたのであろうか。そして、物部氏はなぜこれを追認するかのように、影媛を平群氏にあてがったのであろうか。

そもそも物部氏と蘇我氏は不仲であったはずではなかったか。

この謎を解くためには、これまで謎のまま残しておいた蘇我氏の正体を明かす必要がある。

▼出雲とつながる蘇我の謎

一般的に蘇我氏は渡来人、しかも母国は百済であったとする説が有力である。渡来人系の技術者集団を率いて勢力を伸ばしたこと、一族の系譜上に来日した百済人とそっくりな名の人物が登場し、同一人物と見られていることなどがおもな理由である。

しかし、のちにふれるように七世紀、蘇我氏全盛時代の外交史を見つめなおすと、むしろ百済は冷遇されており、ヤマトが再び親百済政策をとるのは、乙巳《いっし》の変《へん》の入鹿《いるか》暗殺後であり、蘇我氏＝百済説に大きな疑問をいだかせるのである。

ところで、これはあまり知られていないことだが、『日本書紀』は蘇我氏の始祖に関して沈黙を守っている。おもだった古代豪族たちのなかで、始祖が判明しない例はきわめてまれで、まして政権の中枢を牛耳っていた一族の始祖がわからないはずがなく、この事実は記載もれではなく、意図的な抹殺と考えられる。

一方『古事記』は、第八代孝元《こうげん》天皇と物部氏の内色許男命《うつしこおのみこと》の娘・伊迦賀色許売《いかがしこめ》命《みこと》との間の子に比古布都押之信命《ひこふつおしのまことのみこと》があって、その子に建内宿禰《たけのうちのすくね》（武内宿禰）の名をあげ、さらにその子の蘇賀石河《いしかわ》宿禰が蘇我氏の始祖であると明記している。

興味深いのは、孝元天皇の妃《きさき》・伊迦賀色許売命の存在である。その名のなかにシコが入り、さらに父は内色許男、その妹も内色許売と、〝シコ＝鬼〟の一族の出身であったことがわかる。

この一族は物部なのだが、それにしても、蘇我氏の祖の周辺を彩るこの強烈なまでの〝シコ〟の血脈は、いったい何を意味するのであろうか。

ふつう、この『古事記』の伝承はあまりあてにならないとされている。蘇我氏の全盛時代、家柄の正しさを捏造《ねつぞう》してしまったのをそのまま記録しているにすぎないとされていたためである。

しかし、それでは、なぜ『日本書紀』は蘇我氏の偽証を正し、正確な系譜を掲げなかったのであろうか。

それは蘇我氏が、物部氏と並ぶ最も正統な鬼《モノ》の一族だったからではなかったかという疑念をいだかざるをえないのである。

日本で最も正統な鬼といえば、鬼の元祖スサノオであろう。皇祖神アマテラスに反抗し、〝鬼の主〟大物主神を生んでいる。

このスサノオが入鹿神社に祀《まつ》られていることはすでにふれたが、このスサノオの周辺には、なぜか〝蘇我〟が汎濫《はんらん》している。

出雲大社本殿真裏にはスサノオを祀る摂社があるが、この神社は素鵞《そが》社とよばれている。これはスサノオの最初の宮が〝須賀《すが》〟であったことと関連する名と思われるが、須賀の地を選んだきっかけは、すがすがしい場所だったからで、須賀は〝須我〟や〝宗我〟とも書く。

もともと〝スガ〟であったものが出雲大社で〝ソガ〟になったのは、UとOが音《おん》韻《いん》変化しやすいためで、〝宗我〟と書いて〝ソガ〟とも読み、蘇我氏の場合、〝宗我〟とも称していたことは無視できない。

また、スサノオの子に蘇我の名を冠する神が存在したと証言する文書も確認されており、スサノオと蘇我はあらゆる場面でつながってくるのである。

▼蘇我は鬼の一族だった⁉

スサノオと蘇我を結ぶ奇妙な接点の数々、この謎の答えは、他の拙著のなかで繰り返し述べてきたので、ここでは簡潔に述べておくにとどめる。

結論をいうと、蘇我氏は大物主神（ニギハヤヒ）の子・事代主神《ことしろぬし》を祖にいただく

▲**葛城山遠望**　入口に一言主神を祀った神社がある

一族であり、物部氏と同族であった。

この事実は『日本書紀』によって巧みに抹殺されてしまったが、ヒントが皆無というわけではない。

雄略天皇の血の粛清《しゅくせい》をめぐる一連の事件ののち、雄略天皇は蘇我系豪族・葛城氏の本拠地・葛城山の一言主《ひとことぬし》神を四国に追放しているが、この神が事代主神と異名同体であった。

『古事記』は事代主神を言代主神と記すが、出雲の国譲りで〝言代主神〟は神の言葉をひき出して神託と称し、人々に知らしめる役回りを演じているところから、神の〝言〟を〝代〟弁する〝言代〟が本義であり、〝一言代主〟〝一言主〟と名を変えていったことがわかる。

▲神功皇后（右）と武内宿禰の木像

葛城氏と一言主神とのつながりは、そのまま蘇我氏と〝言代主神〟との関係に当てはまる。蘇我氏の祖・武内宿禰が、神功《じんぐう》皇后《こうごう》というシャーマンのもとで皇后がもたらす神話を聞きとり、人々に代弁していたことは、『日本書紀』も『古事記』も同様に認めている。

ちなみに、武内宿禰伝承の特徴は、（a）忠臣として歴代天皇に仕えたこと、（b）霊媒者であったこと、（c）長寿であったこと、とされるが、このような伝承自体がオカルト的で人間離れしていたために、武内宿禰は架空の人物と考えられてきた。

しかし、（a）はともかく、（b）と（c）は、大物主神の末裔《まつえい》としての〝神〟であり〝鬼〟でもあった蘇我氏の姿を象徴的に表わしていたことは確かであろう。

神の声を聞きとることができたのは、彼らが〝神〟の一族だったからで、〝長寿〟

であったのは、〝鬼〟の条件の一つ、〝小〟〝若〟の反対の〝老〟を兼ね備えていたからにほかならなかったからである。

ただそうはいっても、犬猿《けんえん》の仲にあったとされる物部氏と蘇我氏がニギハヤヒを祖とする同族であったとする推理は、にわかには信じがたいことであろう。

しかし、物部、蘇我不仲説は、『日本書紀』という朝廷側の証言にすぎず、蘇我氏に滅ぼされたはずの被害者・物部氏が、蘇我氏を攻めた過去はないことを、どのように考えればよいのだろうか。

しかも、七世紀の蘇我氏の繁栄が、物部氏のバックアップなしには考えられなかったこと、蘇我入鹿（あるいは弟）が、物部大臣とまでよばれている事実を忘れてはなるまい。

▼物部、蘇我、伽耶を結ぶ共通点〝鬼〟

ところで、蘇我氏が強烈な鬼のイメージをもっていたのは、物部の血を引いていただけではなく、もう一つの鬼・伽耶の血も混じっていたからと考えられる。

蘇我氏の祖・事代主神は、大物主神と宗像神《むなかたのかみ》の間の子で、妹に下照姫《したでるひめ》がいるが、この妹がカヤナルミ（伽耶の姫）ともよばれていたのは、母・宗像神が伽耶出身だったからであろう（拙著『卑弥呼はふたりいた』ＫＫベストセラーズ）。

では、なぜ大物主神は伽耶の女人と結ばれていたのかというと、先述した伽耶の少彦名神（ツヌガアラシト、天日槍）との間に起きた鉄の利権争いとその後の和解が大きなヒントになっている。

すなわち、伽耶と出雲の和解の証《あかし》として婚姻関係が結ばれ、この和解劇の申し子が事代主神とカヤナルミだったと私見は推理するのである。いわば、これは政略結婚だが、事代主神——蘇我氏が物部、伽耶双方の血を受けた〝正統な鬼〟であったことは、彼らの運命を決定づけてゆく。つまり、蘇我氏は国内最大の豪族・物部氏の縁者として揺るぎない力をもつにとどまらず、伽耶の利益を代弁する者でもあったのである。

じつは、蘇我氏のもつこのような特異性こそ、彼らが雄略に疎《うと》まれ、武烈に対抗し、王権を奪おうとした行動の遠因をうまく説明しているのである。

そこでもう一度、五世紀末、平群《へぐり》氏と武烈が衝突したころの時代背景を振り返ってみよう。

この当時、半島では百済と天皇家の結託によって伽耶は著しく衰弱し、国内では雄略天皇の暴走によって物部氏も蘇我氏も主導権を奪われたままであった。

▲中大兄と鎌足が入鹿誅殺の策を練っているところ（多武峰縁起絵巻）

天皇家に送り込まれたのは、後世〝鬼〟の烙印《らくいん》を押された者どもであった。彼らは失地を回復し天皇家の方針を撤回させようと暗躍したであろう。

最も手っ取り早い手段は、新たな王権を打ち立てて天皇家を追い落とすことであり、王に最もふさわしい一族といえば、物部（出雲）、伽耶双方の血を継いだ蘇我一族という図式が浮かび上がってくるのである。

このような推理がけっして突飛な発想でないことは、任那日本府問題をめぐる〝二つの日本〟の思惑を考えれば理解いただけると思う。

『日本書紀』によって鬼の烙印を押された物部、蘇我、伽耶、新羅を結ぶ共通点、それは、雄略天皇の打ち出した天皇家独裁への野望と、この過程で天皇家がとった外交戦略、百済一辺倒に対する反発だった。

この対立は、『日本書紀』によって抹殺されたが、任那日本府という現象の裏側をのぞくことで実相はつかめたのである。

西暦五六二年、任那滅亡後も、天皇家と鬼の反目は、百済をとるか、または百済の敵・新羅をとるかというかたちで継続された気配が濃厚で、物部氏や伽耶の亡命氏族たちによって支持された蘇我氏が、反天皇家の首領となっていったと考えられ、ここに鬼の王国の誕生、つまり二朝併立《へいりつ》状態、あるいは二大勢力の連続的な対立、相克《そうこく》を想定することができるのである。

たとえば七世紀半ば、朝廷は蘇我本宗家を滅亡に追いやるが、この事件がたんにまつろわぬ豪族の敗北だけを意味するものでなかったのは、この事件前後の日本の外交姿勢の激変からもいえることなのである。

このころ、百済の衰弱は著しく、滅亡の危機すら迫っていた。ところが、蘇我氏全盛の朝廷は、百済の窮状に無頓着《むとんちゃく》であるばかりか、外交戦略は、隋《ずい》、唐、新羅への接近という、百済にとって許しがたいものであった。

転機が訪れたのは、乙巳《いっし》の変《へん》、すなわち蘇我入鹿没後であった。実権を奪いとっ

▲入鹿誅殺直前の場面（多武峰縁起絵巻）

た中大兄皇子《なかのおおえ》（天智《てんじ》天皇――今日につづく天皇家中興の祖）は、すでに一度は滅亡してしまった百済を再興すべく、無謀な百済遠征を決行するのである。

つまり、乙巳の変の真相は、五世紀からつづいた半島をめぐる日本の思惑の違いと、この結果生じた二つの日本という混乱に、終止符を打つ事件だったといえよう。したがって、入鹿誅殺《ちゅうさつ》の大義名分を得るために『日本書紀』が山背大兄王というトリックまで用意して必死に工作したのは、天皇家の正統性、正当性を訴えるために必要不可欠だったためであったことがわかるのである。

しかしその一方で、『日本書紀』は天皇家と反天皇家の相克を、神と鬼の対立というかたちで文面に残していたのである。百済の宿敵・新羅、天皇家と百済の思惑を無視した伽耶、雄略の独裁指向によって被害を受けて反発した物部と蘇我、このすべての者たちが〝鬼〟と称されてゆくのは、彼らの反発によって、天皇家の唯一の同盟国・百済が滅亡に追い込まれたことへの積年の恨《うら》みが込められていたからにほかならないであろう。

それでは、彼ら鬼の一族は、このまま歴史の闇《やみ》に埋没していってしまったのであろうか。そうではあるまい。その逞《たくま》しい生命力によって、彼らはみごとに復活し、朝廷と比肩《ひけん》しうる裏社会を築き、天皇家との間に奇妙なつながりをつくってゆくのである。

では、復活した鬼どもは何を目ざし、何をつくろうとしたのか。次章では、いよいよ〝モノ〟の一族が構築した循環する王権システムの正体を追ってみたい。

第6章

鬼がつくった永続する王権

コラム――東大寺とヒスイの謎

縄文《じょうもん》時代から七世紀にいたる間、「ヒスイ」は「霊具」として珍重《ちんちょう》された。これは朝鮮半島や中国では見られなかった現象であり、ヒスイが日本人の信仰に深く根ざしていたことは間違いない。

ところが八世紀に入ると、どうした理由からか、ヒスイは見向きもされなくなるのである。そして、「最後のヒスイ」を看取《みと》ったのが、蘇我《そが》氏であった。

蘇我氏の全盛時代、ヒスイは飛鳥《あすか》の西側の「曾我《そが》」の地域で独占的につくられていた。この地が蘇我氏の有力な地盤であったことはいうまでもない。そして、蘇我氏の寺・元興寺《がんごうじ》の心礎《しんそ》にヒスイが埋められたのを最後に、ヒスイはほぼ姿を消してしまうのである。それはまるで、蘇我氏の滅亡に合わせるかのように、捨てられていったわけである。

なぜ、ヒスイは忘れ去られたのか。

それはおそらく、仏教や道教《どうきょう》といった新来の宗教観によって、縄文時代以来守られてきた信仰形態に変化が訪れた結果であろう。そしてもう一つ大事な要素は、なんといっても、ヤマト建国以来朝廷を支え、政治と宗教を支配してきた物部《もののべ》氏や蘇我氏らがこのころ衰弱してきたことであろう。

七世紀の政治地図の激変と、宗教観の移り変わりは、ほぼ同時に、権力者の手で行なわれたのである。

ところで、「最後のヒスイ」は、意外なところにも残されている。それが、東大寺三月堂の本尊・不空羂索《ふくうけんじゃく》観音《かんのん》菩薩《ぼさつ》立像《りゅうぞう》にかぶせられた宝冠なのである。

いったい、なぜ八世紀に建立された東大寺に、「蘇我氏の形見」が残されているのだろう。しかも三月堂は、蘇我氏を滅ぼした藤原氏の女人・光明子《こうみょうし》が深く関わりをもった寺院である。

この謎は、光明子の夫・聖武《しょうむ》天皇の知られざる正体のなかに隠されているようである。

聖武天皇は凡庸《ぼんよう》で病弱というイメージが強い。しかし、どうやらわれわれは騙《だま》されていたようである。この帝《みかど》こそ、権力者・藤原氏に真っ向から立ち向かった人物であり、天皇家永続の謎を解き明かすためには、じつに重要な意味をもった傑物だったのである。

それにもかかわらず、その生涯にこれまで脚光が集まらなかったのは、「藤原氏の敵」である聖武天皇が、正史のなかで不当な扱いを受けてきたからにほかなるまい。「不当」というのは、藤原氏にとって都合の悪い部分が、抹殺《まっさつ》されるか、あるいは矮小化《わいしょうか》された、ということである。

謎の帝・聖武天皇こそ、天皇家の秘密を解き明かす最後の鍵なのである。

▼鬼が天皇になろうとした宇佐八幡託宣事件

鬼と天皇の歴史に決定的な転換期が訪れるのは、天平《てんぴょう》時代、奈良の平城京に巨大寺院・東大寺が建立されたころのことであった。なぜか鬼と天皇の敵対関係は消え去り、両者は歩み寄りを見せてゆくからである。

そして、その象徴的なできごとが、世に名高い宇佐八幡託宣《うさはちまんたくせん》事件であった。

事件は、聖武《しょうむ》天皇の娘・称徳《しょうとく》天皇（孝謙《こうけん》天皇が重祚《ちょうそ》）がどこの馬の骨とも知れぬ僧・道鏡《どうきょう》を寵愛《ちょうあい》し、太政《だいじょう》大臣禅師《ぜんじ》（朝廷の最高権力者。太政大臣と同等の位とされる）や法王（仏教界の頂点に立ち、天皇に準じる権力を得た臨時職）に任じ、あろうことか、この道鏡を即位させようとしたものであった。

あらためて述べるまでもなく、この事件は未婚の女帝を色じかけで籠絡《ろうらく》し、天皇家の存続を脅《おびや》かした奸賊《かんぞく》・道鏡に対する批判的な説話として、また逆に、道鏡の目論《もくろ》みに命を張って立ちはだかった和気清麻呂《わけのきよまろ》の忠節を礼賛《らいさん》する物語として知られている。

しかし、この事件の背景を探ってゆくにつれ、これが通説でいわれるほど単純な勧善懲悪《かんぜんちょうあく》だけでは語れないことに気づく。

じつは、道鏡こそ正統な鬼の末裔《まつえい》であったらしく、天皇みずからがまつろわぬ者を王位につけようとしたところに、この事件の特異性、重大性が秘められていたように思えてならないからである。

事件は神護景雲《じんごけいうん》三年（七六九）九月に起きた。『続日本紀《しょくにほんぎ》』の証言をそのまま信じれば、大宰府《だざいふ》にあって祭祀《さいし》を主宰《しゅさい》し、九州の神社に目を光らせる大宰主神《だいさいのかむつかさ》・習《すげ》宜《の》阿曾麻呂《あそまろ》が、時の権力者・道鏡に媚《こ》びてひと芝居打ったのだという。

つまり、

「道鏡をして皇位に即《つ》かしめば、天下太平《あめのしたおほきにたひらか》ならむ」

という八幡神の〝神託〟を都にもたらしたのである。道鏡はこれを聞き大いに喜び、称徳天皇はさっそく和気清麻呂をよび出し、

「昨夜の夢に八幡神の使いが現われ、尼《あま》・法均《ほうきん》を宇佐に差し向けるようにとお告げがあったが、尼・法均の代わりに、弟であるおぬしが行って神の命を聞いてまいれ」

と命じたのだった。

出発の日、道鏡は清麻呂に、宇佐八幡が使者を要請したのは、道鏡の即位を命じる大事な託宣があるからで、うまく立ち回れば清麻呂を重くとり立て、高い官位を

▲皇居の堀を隔てて立つ和気清麻呂の銅像（東京都千代田区）

与えよう、ともちかけたという。

はたして清麻呂が宇佐八幡に出向くと、大神は、

「我が国がはじまって以来、君と臣の秩序は整っている。臣をもって王とすることはかつてなかった。天《あめ》の日嗣《ひつぎ》はかならず皇族を立てよ。無道者道鏡は速《すみ》やかに掃《はら》い除《の》くように」

と神託を下したのであった。

清麻呂がこの神託をそのまま都に伝えると、道鏡は大いに怒り、清麻呂を左遷してしまったのである。

これが宇佐八幡託宣事件の顚末《てんまつ》であり、結局、道鏡は即位することもかなわず、称徳天皇が崩御《ほうぎょ》すると同時に失脚するのである。

▼道鏡は物部出身の鬼だった!?

さて、このような『続日本紀』の記述を信じるならば、道鏡と称徳天皇のコンビは、猿芝居を打ってまで一度握った権力を守り抜こうとしたことになる。そのため社会の秩序は乱れ、人々は苦しんだと『続日本紀』は訴えるのである。どう見ても〝逆賊〟道鏡に正義はありそうには思えない。

しかし、蘇我入鹿《そがのいるか》がそうであったように、正史のいう勧善懲悪《かんぜんちょうあく》の世界を疑ってかかる必要があるのはいうまでもあるまい。では、正史から抹殺《まっさつ》された道鏡の〝正義〟は存在したのであろうか。

そこでまず、道鏡とは何者であったのか、という初歩的な謎を考えなければならない。

「道鏡、俗姓弓削連《ゆげのむらじ》、河内《かふち》の人なり。略梵文《ほぼぼんもん》に渉《わた》りて、禅行《ぜんぎやう》を以《もち》て聞《きこ》ゆ。是《これ》に由《よ》りて、内道場《うちのだうぢやう》に入《い》りて、列《れつ》して禅師《ぜんじ》と為《な》る」

これが『続日本紀』に示された道鏡の出自に関する記事である。道鏡は河内の国の弓削連の出身で、サンスクリット語をよく解し、禅行に秀でていたために宮中に招き入れられ、禅師《ぜんじ》になったという。ちなみに禅師とは山林修行を積み呪験《じゆげん》力をもった人々で、天皇に近侍《きんじ》し医療に従事する僧をさしていた。

この道鏡がどういう経緯《いきさつ》で称徳天皇の寵愛を受けるようになったのか。『続日本紀』はつづける。

天平宝字五年、称徳（孝謙）天皇が保良宮《ほらのみや》（滋賀県大津市付近か）に行幸《ぎょうこう》して以来、看病に侍してすこぶる寵愛を受けるようになったという。のちに、権力者藤原仲麻呂《なかまろ》（恵美押勝《えみのおしかつ》）が謀反《むほん》を起こし抹殺されるに及び、道鏡は太政大臣禅師、法王と特進し、まるで天皇に準じるかのような待遇を受けた、という。道鏡が成り上がりであり、称徳天皇の強い愛着がなければ出世できなかったことは明らかであろう。

では、道鏡の家、弓削連とはいったい何者なのかというと、諸説あって定かでない。〝弓削〟を冠する氏族が一つや二つではないことが最大の原因だが、ただいえるのは、〝河内の弓削〟が物部《もののべ》氏と強いつながりをもっていたらしいということである。

まず第一に、物部と同祖とされる弓削宿禰《すくね》がいる。またそれとは別に、河内の若江郡（現在の大阪府八尾《やお》市付近）には天高御魂乃命《あめのたかみむすびのみこと》の末裔とされる弓削宿禰がいて、この若江郡には、蘇我馬子《うまこ》と宗教戦争を演じた物部弓削連守屋《もりや》を祀る大聖勝《たいせいしょう》軍《ぐん》寺のあった事実を見逃すことはできない。

古くは武器の製作に携わっていたであろう〝弓削〟が、ヤマト朝廷の武力の要《かなめ》でもあった物部の強い地盤に集中していたことは、意味のないことではあるまい。

ただ、弓削道鏡が、想像以上に物部と近い関係にあったと思われるのは、『続日本紀』の天平宝字八年九月の記事に、藤原仲麻呂の言葉として、次のような記事が残されているからである。

「此《こ》の禅師《ぜんじ》の昼夜朝廷《ひるよるみかど》を護《まも》り仕《つか》へ奉《まつ》るを見るに、先祖《とほつおや》の大臣《おほまへつきみ》として仕へ奉りし位名《くらゐな》を継《つ》がむと念《おも》ひて在《あ》る人なり」

これによると、道鏡の朝廷に仕えるようすを見ると、先祖の大臣として仕えていた過去の一族の栄光をとり戻そうと躍起になっているのだ、として、道鏡を排斥しろ、というのである。

藤原仲麻呂は、先祖の大臣が何者であったのか氏名を明確にしないが、弓削で連想される大臣クラスの政治家といえば、物部弓削連守屋以外に考えられず、道鏡が物部となんらかのかたちでつながりをもっていたことは間違いあるまい。

このことと関連して興味深いのは、道鏡を天皇にすれば天下は太平になるという宇佐八幡の神託を都にもたらした大宰主神《だいさいのかむつかさ》・習宜阿曾麻呂《すげのあそまろ》がニギハヤヒの末裔であり、物部氏と同族であったことで、ここに道鏡と宇佐八幡託宣事件をめぐる新た

▲**大聖勝軍寺**　馬子と宗教戦争を交えた物部守屋を祀る（大阪府八尾市）

な問題が浮上することはいうまでもない。

宇佐八幡託宣事件は、道鏡の大逆、謀反ではなく、八世紀初頭に一度は衰弱した物部・鬼の一族の再起を賭《か》けたクーデターであり、しかもそれは、神武東遷以前のヤマトの大王家が、鬼の一族から〝モノ〟の一族へと回帰しようとする必死の運動だったのではあるまいか。

そこで、あらためて考えなければならないのは、八世紀初頭に鬼を滅ぼした天皇家の末裔・称徳天皇が、なぜ鬼を庇《かば》い、鬼の王権づくりに積極的だったのか、ということなのである。これを一般的にいわれるように、房事《ぼうじ》のなせるわざと片づけておいてよいのであろうか。

ヒントは、鬼を滅ぼすことで力を得た藤

原氏と、天皇家のその後の知られざる葛藤《かっとう》のなかに隠されているように思われる。

鬼の衰弱した八世紀初頭からこの時代にいたるまでの歴史は、藤原氏が着実に権力を独占し、一党独裁を完成させるための準備期間であった。

この間、藤原氏は鬼を次々に窮地に追い込み、また一方で天皇家の外戚《がいせき》となって、発言力を強めていったのである。

つまり、鬼を滅ぼしたのは天皇家と藤原氏であり、両者は太いパイプでつながっていたはずなのに、なぜか称徳天皇は、藤原仲麻呂との間に主導権争いを演じ、あろうことか、鬼を即位させようとしていたのである。とするならば、称徳の〝奇行〟の裏には、藤原氏が大きな意味をもっていたはずで、藤原氏が権力を握っていたこの百年の間に何が起きていたのか、その背景を知っておく必要があろう。

そこで、道鏡という鬼の反乱の真意を探るためにも、藤原氏と鬼、藤原氏と天皇という二つの視点で、謎の百年を概観しておかなくてはならない。

▼鬼の正体は藤原氏との葛藤のなかに隠されている

鬼の一族の衰退のきっかけは、なんといっても藤原氏の祖・中臣鎌足《なかとみのかまたり》の出現と、西暦六四五年の乙巳《いっし》の変《へん》（大化改新）の蘇我入鹿暗殺に求められる。当時、飛ぶ鳥を落とす勢いであった蘇我本宗家は、中臣鎌足と中大兄皇子《なかのおおえのみこ》（のちの天智天皇《てんじ》）のクーデターによって一気に滅亡したのである。

そして次の鬼の受難は、中臣鎌足の子・藤原不比等《ふひと》の時代にやってくる。西暦七一〇年、旧都藤原京を廃した朝廷は、平城京へ移るが、このとき、時の最高権力者・左大臣石上《いそのかみ》（物部）麻呂《まろ》は、旧都の留守居役を命ぜられ、藤原京に置きざりにされたのである。

この陰謀を仕組んだのは、右大臣藤原不比等であり、石上麻呂はこの地で憤死《ふんし》するのであった。

石上麻呂の失脚は鬼の歴史上最大の転機となった。こののち物部氏や蘇我氏といった鬼を代表する二つの氏族からは、政局を左右しうる大政治家は一人も現われず、鬼を退治した藤原氏の世が華《はな》開くのである。

ちなみに、鬼の法則からすれば、鬼を退治した藤原氏も鬼といえるが、彼らがけっして鬼の烙印《らくいん》を押されなかったのは、正史『日本書紀』や『続日本紀』が、藤原政権下で書かれたものであったためであろう。

彼らは鬼を退治する鬼にはならず、鬼を滅ぼす正義の味方という単純な図式を用意したのである。つまり、鬼の衰弱は天皇家との主導権争いに敗れたというよりも、藤原一党にやられたというのが真実に近く、これから述べるように、天皇家でさえ、この藤原氏の突出には頭を悩ませた気配があり、だからこそ道鏡という鬼の出現を許したと考えられるのである。

したがって、中臣鎌足以来の藤原氏の盛衰こそが、鬼の八世紀の動向と密接につながっていたことは間違いない。

あらためて確認しておくが、乙巳の変の入鹿暗殺は、独裁指向を目ざし百済《くだら》の復興を目論んだ中大兄皇子が、中臣鎌足とともに蘇我本宗家を滅亡に追い込んだ事件であった。こののち、彼らは目的を完遂すべく百済遠征を強行し、白村江《はくすきのえ》(「はくそんこう」とも)の戦いで大敗北を喫するのである。

天智はこののち都を近江《おうみ》に移し、新たな政治を目ざすが、鬼退治に一度は成功し、天下を取った彼らの野望は、ここでいったん頓挫《とんざ》するのである。

▼鬼に囲まれた帝・天武天皇

鬼や藤原氏の歴史を見直すうえで、そして古代日本史を考えるうえで、最も厄介な男がここに登場する。天智天皇の弟・大海人皇子《おおあまのみこ》、のちの天武《てんむ》天皇である。

一般に、この人物は、『日本書紀』の編纂《へんさん》を命じ、天智王朝を武力で倒した正当性を訴え、のちの天皇家の基礎を築いたとされるが、『日本書紀』を調べると、このような通説では説明のつかぬ謎に満ちあふれていることに気づく。というのも、『日本書紀』によって邪《あ》しき者とレッテルを貼《は》られた鬼どもと天武は、なぜか通じ合っていた気配があるからである。

それは、天智天皇の発病によってはじまる壬申《じんしん》の乱の経緯のなかに、顕著に現われている。

大海人皇子は、天智天皇の皇太子であった。ところが、天智の晩年、天智は子の大友《おおとも》皇子に皇位を継がせたいという欲求に駆られる。が、明確な答えが出されぬまま、天智十年（六七一）冬十月、天智天皇は病に伏し、朝廷の緊張が高まるなか、大海人皇子が宮中によび出された。王権を譲ろうという天智の申し出を拒否した大海人は、その場で武器を捨てて出家し、身のまわりの世話をする者だけを引き連れて、吉野に隠棲《いんせい》してしまう。

天智の病床を訪ねる直前、大海人は信頼を寄せていた蘇我安麻呂《やすまろ》から天智が何やら企《たくら》んでいること、発言に気をつけるようにと警告を受けている。天智は大海人が禅譲《ぜんじょう》を受け入れれば、その場でいいがかりをつけて殺すつもりだったのであろう。

大海人の吉野行きをさして、近江朝の人々は、虎に翼をつけて放ったようなものだと臍《ほぞ》をかんだという。

ところで、なぜ大海人皇子（以後、天武で統一）は吉野の地を選んだのであろうか。そこは、天皇家のヤマト入り以前からの土着民・国栖《くず》が住む地であり、このころ勃興しつつあった山岳修験道《しゅげんどう》の聖地でもあった。天武は近江朝の魔の手から逃れるために、ここで闇の世界に通じていったのではないかという疑いが浮上してくるのである。

吉野の地が修験道のメッカとなりえたのは、葛城《かつらぎ》、熊野といった同様の聖地と深くつながっていたからであり、朝廷の武力の及ばない独自のネットワークがつくりやすい地だったからである。

葛城とつながる蘇我という鬼に助けられた天武は、蘇我の本拠地飛鳥《あすか》から山伝《づた》いに吉野に逃れたのではあるまいか。

事実、天武はこの地で役小角《えんのおづぬ》に守られたという伝承があって、のちにふれるように、役小角といえば、鬼を自在に操った鬼だったのである。

このように、天武が吉野で鬼に囲まれて生き永らえたことは、こののちの歴史に重大な波紋を投げかけてゆくが、さらに天武が、この先、東国という鬼の力を借りてゆくことも、なにかしら因縁めいたものを感じざるをえないのである。

▲**吉野の宮滝**　天武・持統天皇ゆかりの吉野宮があった（奈良県吉野町）

天智の崩御後、東国に逃れた天武は兵を集め、一気に近江朝を突くが、近江朝の敗走の原因をつくったのが、大納言蘇我果安《はたやす》であった。果安は、近江朝の主力部隊の副将として参戦していたが、決戦の直前、総大将の山部王《やまべのおう》を殺害し、近江軍を敵前で空中分解させてしまっているのである。

では、なぜ蘇我一族はことごとく近江朝を裏切ったのであろうか。鬼・役小角が天武を守ったという伝承が残ったように、蘇我という鬼が、入鹿暗殺によって没落した恨《うら》みを晴らし、鬼の政権を復活するために、天武を選んだのではなかったか。

そう思う理由の一つは、『懐風藻《かいふうそう》』の次の一節から、天智――藤原とつながる乙巳《いっし》の変《へん》コンビと天武が対立していたようすがうかがえるからである。

壬申の乱の直前のこと、唐《とう》から来日していた唐使・劉徳高《りゅうとくこう》は、大友皇子の器《うつわ》の大きさをほめていたが、あるとき、大友皇子にまつわる悪い夢を見たという。

それは、天の門がからりと開き、朱色の衣を着た老翁が、天子の位を示す太陽を捧げ大友皇子に与えようとしたのに、横から何者かが現われ、奪い去ってしまったという。

これを聞いた鎌足は、

「天智天皇崩御の隙《すき》に、悪者が現われて天位をねらおうとするかもしれません。しかし天は公平であり、善行を積む者をかならず助けるでしょう。大友皇子が徳を修めているかぎり、なんの心配もないのです」

と答えたという。

ここでは、鎌足が大友皇子を支持し、天武を悪者としてとらえていたようすが描かれている。

天武が鬼の一族・蘇我と結びついていたとすれば、天武の即位が、すなわち藤原一族の没落に通じることは火を見るよりも明らかであり、鎌足が必死に大友の即位を願った理由がはっきりするのである。

そして事実、入鹿を殺すことで勃興《ぼっこう》した藤原氏は、壬申の乱によって一度朝廷から追放されている。

▼天武王朝を天智王朝にすり替えた藤原不比等

このあたりの事情は、通説とはかなりかけ離れているため疑問が出るにちがいないが、他の拙著のなかで繰り返し述べてきていることなので、こまかい説明は省いて、話を先に進めさせていただく。

さて、天武は壬申の乱を制すると、都を飛鳥に戻し、新たな王朝を開く。ここで、天武は天皇家らしからぬ突飛《とっぴ》な外交策をとった。天皇家にとっても百済にとっても忘れることのできぬ仇敵《きゅうてき》・新羅と国交を開き、友好関係を樹立してしまったのである。

これまでの経緯を考えれば、この政策がいかに重要で、天武が何を目ざし、だれの手で支えられていたのかは明らかであろう。鬼の国・新羅と手を結んだ天武が、鬼に擁立された天皇であった可能性は一段と高くなるはずである。つまり、乙巳《いっし》の変《へん》で天智と中臣鎌足に追いやられた鬼どもが、壬申の乱を制し、天武に期待をかけたと考えられるのである。

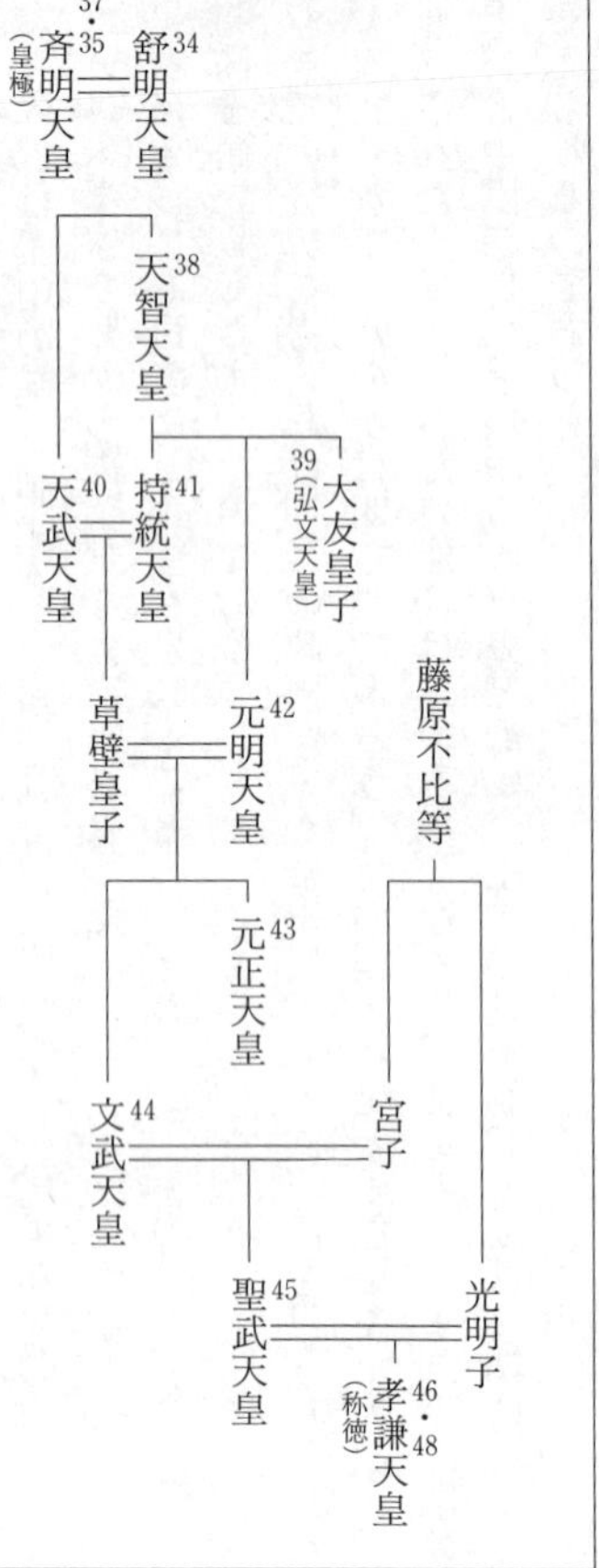

天智・天武略系図

ところが、ここから歴史は二転三転し、政局はめまぐるしく動く。

転機は天武の死で訪れた。天武崩御後、皇后持統《じとう》は、息子草壁《くさかべ》を即位させるべくみずからが実権を握り政局を動かすが、病弱な草壁は、母の期待を裏切り、三年後に皇太子のままで他界する。草壁の子・軽皇子《かるのみこ》（のちの文武《もんむ》天皇）はまだ幼少で即位不可能とみるや、持統はみずから皇位にのし上がり、軽皇子の成長を待つという手段に出たのである。すべては持統の直系を即位させたいという女の執念《しゅうねん》である。

しかし、ここで反発の声があがった気配がある。壬申の功臣《こうしん》が多く生存し、しかも天武の皇子があまた残るなか、いくら天武の皇后とはいえ、天武朝の敵・天智の娘が即位することは許されなかったからであろう。宮中で孤立した持統は、ここで奇策に出た。壬申の乱で没落した鎌足の子・藤原不比等を抜擢《ばってき》し、政敵を押さえ込んだのである。

一般に、持統は天武のよき後継者と考えられ、夫の遺業を引き継ぎ、天武王朝の基盤を築いたとされているが、実態はかならずしもそうではない。

たしかに、持統の直系を即位させることは、天武の直系を即位させることと同意義である。しかし、これが天武の遺志を引き継いだためと考えるよりは、持統みずからの地位の安定をはかったと考えたほうがわかりやすい。そして、持統を最大限に利用していたのが不比等であったところに、〝持統王朝〟の本質が隠されていよう。不比等は天武王朝を守るという大義名分のもとに、この王朝を実質的な天智王朝にすり替えてしまったからである。

▲藤原不比等画像

たとえば、藤原不比等が編纂《へんさん》に大きくかかわったとされる『日本書紀』に、天武天皇の生年と年齢が記されず、さらに天武前半生の姿がどこにも見当たらないのは、通説でいわれるように、『日本書紀』が天武の正当性を訴えるために記されたのではなく、藤原氏や天智系王朝にとって都合のよいように歴史が改ざんされているためなのである。

その何よりの証拠は、入鹿を殺した天智と中臣鎌足が、天武朝の敵であったはずなのに英雄視されていることである。そして、矛盾《むじゅん》だらけで他の文書とことごとくすれ違う『日本書紀』が、唯一《ゆいいつ》藤原氏の伝承とのみ記述が一致するのは、この歴史書が、天智の娘・持統を利用し復活した藤原不比等の、強い意志で書かれたことを示しているのである。

▼歴史の鍵を握る藤原氏の素姓

壬申の乱で衰弱した藤原氏は、こうして持統という隠れ蓑《みの》をかぶって復活したのである。

しかし、ここで藤原氏をめぐる一つの謎に突き当たるのである。なぜ藤原氏は独裁指向に走った天智天皇に従い、他の豪族の憎しみを買ってまで生き残ろうとしたのか、ということである。

このことは、鬼や物部氏の謎にはまったく関係ないように思えるが、藤原氏の目論《もくろ》みが明らかになることで、こののち鬼と天皇家の不可解なつながりに大きくかかわってくるのである。

遠く五世紀、雄略《ゆうりゃく》天皇は天皇親政を目ざして百済と手を組んだ。このとき、ヤマトの有力豪族はことごとく受難し、人心は天皇家から離れていった。〝はなはだ悪《あ》しき天皇〟とよばれた雄略の寵愛を受けた者は数えるほどであったという。また、百済を選んだことで本来の同盟国・伽耶《かや》を裏切ることとなった。

同様のことは天智にも当てはまる。天皇家を蔑《ないがし》ろにした蘇我入鹿に対し、王権側からの批難の声は『日本書紀』に記録されているが、民衆の入鹿に対する不満は載っていない。

これに対し、入鹿を殺し、実権を握った天智の政策に対して、民衆が強い不満をもらしている。通説はこの事実を見落とし、無視しているが、天智が雄略的な動きを見せたのだから、多くの豪族や民衆が天智を〝悪しき天皇〟と罵《ののし》り反発したであろうことは想像にかたくない。

この天智の失策は、壬申の乱にまで影響を及ぼしている。天武が近江朝の正規軍の前に裸一貫から立ち上がり圧勝してしまったことも、民衆の天智に対する批判、天武に対する地の底から湧き上がるような支援があったからと考えることができるのである。

それにもかかわらず、なぜ藤原氏だけが、天智という雄略的な独裁指向の天皇を選んだのだろうか。藤原氏の素姓《すじょう》のなかに、その秘密が隠されているのではないかと疑うのは、いまだに彼らの正確な出自《しゅつじ》が割り出せないからである。

「藤原」といえば、天皇家を中興した忠臣として知らぬ者はいないし、神話の時代からつづく名家とされている。ところが不思議なことに、『日本書紀』編纂の中心にいたはずの藤原氏の歴史上での活躍は、鎌足以前、まったくといってよいほど明らかにされていないのである。もし藤原氏が神話時代からつづく名家であったなら過去を抹殺する必要はなく、それればかりか、いくらでも文飾を加えて活躍を捏造《ねつぞう》することも不可能ではなく、また、権力を握った以上、当然神々からつづく系譜を示し、正統性を訴えるべきであった。

ところが、なぜか不比等は鎌足以前の一族の記録を怠《おこた》っているのである。

ここから考えられる可能性は二つであろう。

藤原氏が謙虚でつつましやかな一族であったか、あるいは過去を表沙汰《おもてざた》にすることができなかったかのどちらかである。そして、藤原氏の手段を選ばぬ権力への執着を見れば、疑うべきは後者ということになる。

近年、『日本書紀』の不自然な記述から、藤原氏が成り上がりであったとする説が急浮上しつつある。そして私見は、藤原氏の祖・中臣鎌足を、乙巳の変の直前に来日し、白村江《はくすきのえ》の戦いで行方不明となった百済王子・豊璋《ほうしょう》と同一人物と見ている。

その理由をいくつかあげてみよう。

まず第一に、鎌足の『日本書紀』での出現がきわめて唐突《とうとつ》であるが、豊璋が人質として来日した時期と鎌足の活躍は時間的に重なっている。

そして第二に、この事実はあまり知られていないが、鎌足が歴史から忽然《こつぜん》と姿をくらましている時期があって、これが豊璋の百済への帰国と重なっている点が怪しいのである。

▲中臣（藤原）鎌足画像

それは白村江の戦いの直前、一度滅亡した百済が、復興のために豊璋をよび戻したときのこと、中臣鎌足は、天智王朝最大の危機、白村江の戦いに参戦することもなく、なぜか姿をくらましてしまったのである。

そして、百済が敗れ、豊璋が行方不明になったところで、鎌足は忽然と天智の智将として再び姿を現わすのである。

そして第三に、豊璋は帰国に際し、当時の日本の最高冠位・織冠《しょっかん》を授けられるが、やはり鎌足も大織冠を得ていて、しかも歴史上この冠位を得た者が二人だけであったことは、はたして偶然なのであろうか。

そして第四に、壬申の乱で大友皇子に加勢した亡命百済王族は天武王朝で冷遇されるが、不思議なことに、彼らの盛衰はこののち藤原不比等と同じ歩みを見せるのである。そして藤原一族を百済王家出身と考えることで、なぜ雄略的な姿勢を見せた天智を彼らが後押しし、逆に反天智、反独裁指向を示した蘇我氏を執拗《しつよう》につぶそうとしたのか、その理由が明らかになるはずである。

百済は、高句麗《こうくり》の南下、新羅の圧迫によって滅亡の危機に瀕《ひん》していたのであり、彼らの日本での闘争は、祖国救済の命を賭《か》けた目的があったとみなすことができる。さらに、反百済を貫いた蘇我氏や伽耶に〝鬼〟のレッテルを貼《は》った意味も理解できるのである。

▼永続する天皇家は藤原がつくった⁉

藤原氏が百済王家出身であったと仮定することで、こののちの彼らの動きの真意は明確になってくる。そこで、この推理をふまえたうえで、そろそろ話を本題に戻そう。

　さて、祖国復興を目ざした中臣鎌足は、天智とともに鬼退治を成功させたが、親百済派天智王朝は壬申の乱で滅亡、鎌足の子・不比等は朝廷を追われ、持統の登場によってようやく活躍の場を見出したのである。

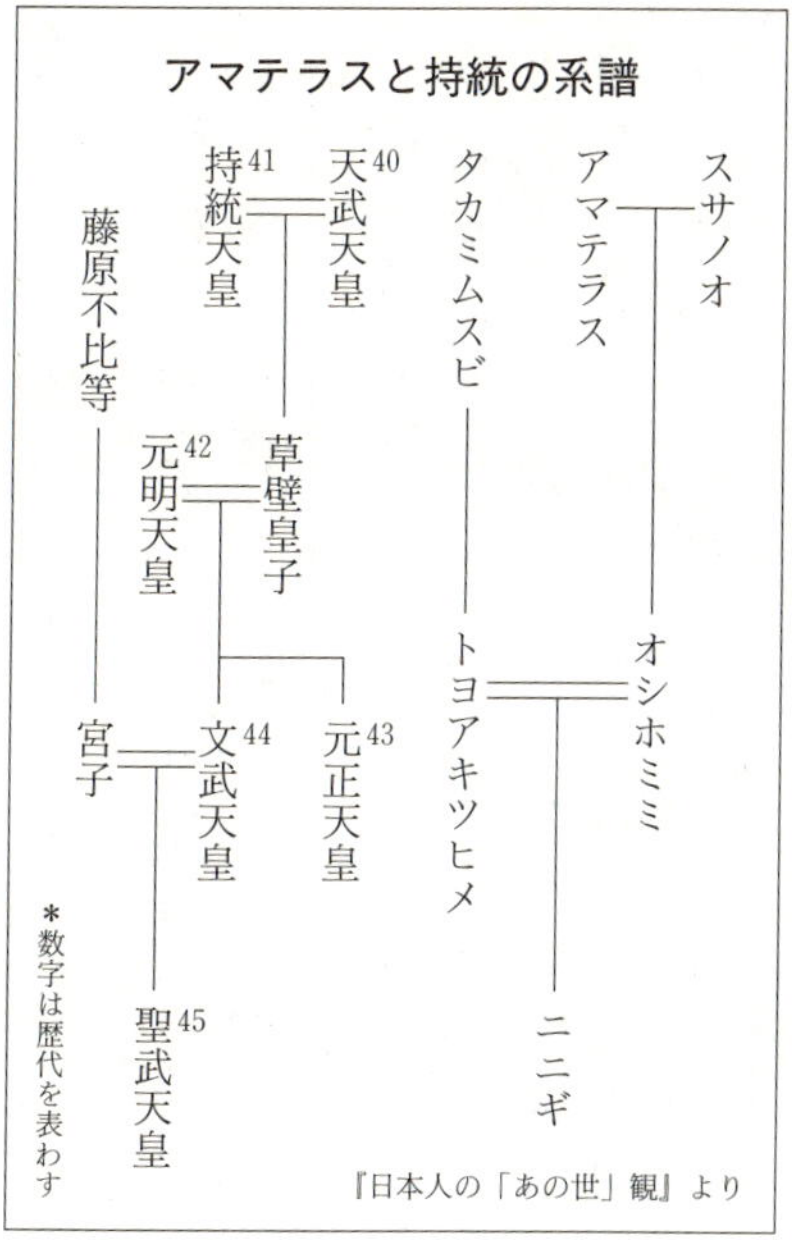

アマテラスと持統の系譜
『日本人の「あの世」観』より

　不比等は反百済の天武王朝のなかにあって、持統の庇護《ひご》のもとに、天武天皇の遺業である歴史書編纂《へんさん》、律令《りつりょう》整備を手がけるなど、しだいにその頭角を現わしていった。

　百済王家の不比等が反百済を標榜《ひょうぼう》していた天武王朝の歴史書を編纂するとは、なんとも皮肉な話であったが、不比等の腹中には、天武のために骨を折ろうなどという殊勝な心根《こころね》はまったくなかった。

持統女帝を女神にすり替え、女神の末裔だけを即位させてゆく正統性を証明するための、新たな神話づくりに励んでいたのである。

『神々の体系』（中公新書）の上山春平《うえやましゅんぺい》氏は、太陽神アマテラス（天照大神）が持統天皇と異名同体であり、アマテラスを補佐して天孫降臨を成功させたタカミムスビなる神が、藤原不比等を念頭に置いたものであったとされている。そして、『日本書紀』の神話は、持統の血を引く文武、これに藤原の血が入った聖武《しょうむ》天皇の即位の正統性を証明するために創作されたというのである。

たとえば、神話のなかで、アマテラスは息子のオシホミミを地上界に君臨させようと画策するが、オシホミミにニニギという子が生まれたために、ニニギを降臨させることになる。ここに登場するオシホミミは、即位することなくむなしく世を去った持統の子・草壁《くさかべ》皇子であり、天孫降臨を果たしたニニギは、アマテラス（持統）とタカミムスビ（不比等）の血を受けた聖武天皇と重なってくるとされたのである。

このような系図の重なりは、上山氏が述べているようにあまりに意図的である。

本来男性であり大物主神《おおものぬし》であった伊勢の主祭神＝太陽神を女性にすり替えざるをえなかったのは、持統を王朝の始祖に仕立て上げ、〝モノ〟の主を〝鬼〟の主に追い落とすのが目的であったと考えられる。

その一方で、不比等の老獪《ろうかい》さは、天皇家に血を注ぎ込むことで、実質的な権力を藤原氏のみが継承してゆく正当性まで証明してみせてしまったことにある。

この図式は、恐るべきことに千数百年という年月の間通用し、藤原氏は天皇家にからみついて養分を吸いとる藤のつると化していったのだが、このことから、永続する天皇家は藤原氏が創作したと考えられるようになったのである。

ちなみに、この最後の結論、永続する天皇云々《うんぬん》に関しては異論がある。不比等が目ざした藤原のための藤原の血を備えた最初の天皇が聖武であり、その子・孝謙（称徳）であったが、このあと述べるように、二人は藤原に反発し、不比等の夢を打ち砕いてしまっているからだ。そして、永続する天皇家の基礎を築いたのが、この聖武と称徳であった可能性が高いのである。

では、なぜこのような不思議なことが起きてしまったのか。答えは、藤原と鬼の知られざる暗闇のなかに隠されていたのだが、この背景を知るためにも、もうしばらく不比等と藤原の行動を追っておかなくてはならない。

▼不比等が律令をつくった意味

不比等が裸一貫から出発して天下を取ることができたのは、祖国を失った者の生き残りへの執念《しゅうねん》と、持統の、直系を即位させつづけたいというエゴが重なったことが最大の原因と考えられるが、不比等にとって幸いだったのは、国を乗っ取るのに最適の時期だったことで、しかも不比等はこのチャンスを見逃さなかった。

天武天皇は新たな王朝を築き、盤石《ばんじゃく》な体制を敷いたが、律令制度の完成を見ずにこの世を去った。不比等はこれを引き継ぐことで一族の基礎を築いた。

律令制度の根本は土地政策にあって、すべての農地を一度国のものとし、再分配するシステムであった。旧態依然とした土地の世襲制によって豪族だけが繁栄する社会の改革、中央集権の強化による新たな国家運営こそが、律令の目的だった。

土地をもたず、武力もなかった不比等にとって、他の豪族の力を削《そ》ぎ、権力を奪うために、律令整備は願ってもないチャンスだったのである。しかも、律令は建て前上、天皇を頂点とする政治システムであり、天皇の許可を得たという体裁（この場合、天皇御璽《ぎょじ》を得ること）が整えば、どのような無理も押し通すことができ、天皇を自由に操ることができた不比等にとって、すでに怖《こわ》いものはなかった。

もっとも、天皇御璽は太政官《だいじょうかん》が管理していたから、これを自由に使いこなすというわけにはいかなかったが、不比等は各氏族から一人という議政官《ぎせいかん》をめぐる不文《ふぶん》律《りつ》を打ち破り、藤原氏や藤原派豪族で朝堂《ちょうどう》を独占することで独裁体制を確立しようとした。いわばヤマト朝廷の伝統であった合議制は、独裁を目論むたった一人の成り上がりによって崩壊させられることになる。

ところで、不比等は孫・聖武の即位を見ることなく、西暦七二〇年に没するが、そのあとを受けて藤原氏を盛り立てたのが、不比等の四人の子、武智麻呂《むちまろ》、房前《ふささき》、宇合《うまかい》、麻呂《まろ》であった。

藤原氏略系図

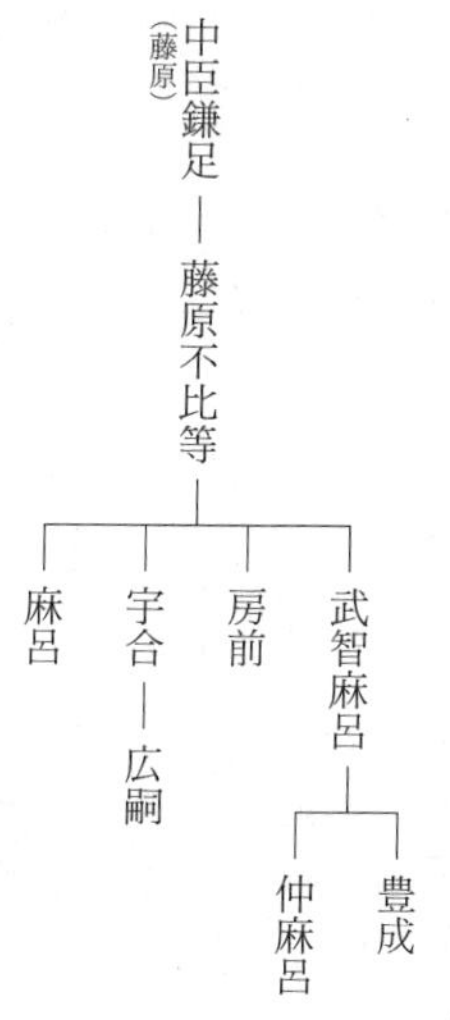

最後の反藤原派皇族・長屋《ながや》王が左大臣にのぼりつめ、藤原の姑息《こそく》な政治運営に横《よこ》槍《やり》を入れていたのはこのころで、藤原は左大臣にこの対抗するために、房前を内臣《うちつおみ》という〝天皇に準じる〟臨時職につけ、権力を手放そうとしなかった。

聖武天皇の即位が西暦七二四年、その三年後には、不比等の娘・光明子《こうみようし》（のちの光明皇后）との間に皇子が生まれ、この直後、異例な早さで立太子をすませ、〝藤原天皇家〟は不比等の思惑《おもわく》どおり着々と地盤を固めつつあった。

ただ、この皇太子はその翌年夭逝《ようせい》し、藤原天皇家の跡取りは皇女阿倍(のちの称徳天皇)一人となってしまうが、藤原氏はここで、長屋王に無実の罪をかぶせて殺すことで、当面の不安を取り除いた。さらに、律令の不備（抜け穴をつくっておいたのは不比等であろうが）を突いて、皇族でもない光明子を皇后に押し上げ、他の豪族を圧倒したのである。

不比等の謀略はここに完成し、藤原の天下は揺るぎないものとなった。

▼藤原氏の没落と巻き返し

このような経緯を見てくれば、後年、聖武の娘・称徳天皇(阿倍皇女)が藤原と敵対し、鬼の帝を擁立しようとしたことなど、とても想像のつくものではあるまい。

ところが、全盛を誇っていた藤原氏を悲劇が襲い、彼らの権勢は一気に奈落《ならく》の底へ突き落とされるのである。そしてこのことが、藤原の野望の歯車を大きく狂わせ、だれもが想像していなかった事態へと歴史は流転《るてん》してゆくのである。

▲**東大寺大仏殿**　聖武天皇が創建した世界最大の木造建築(奈良市)

長屋王の死から八年後の天平九年（七三七)、九州で流行した天然痘《てんねんとう》は、みるみる都に伝わり、宮中深く魔の手は伸びていった。そして、わずか数カ月の間に、この世の春を謳歌《おうか》していた藤原四兄弟は、相次いで死んでゆくのである。

ここに、権力の空白ができ上がり、藤原の天皇・聖武は後ろ楯《だて》を失った。そして、藤原氏に代わって政権の座についたのが、橘《たちばなの》諸兄《もろえ》、玄昉《げんぼう》、吉備真備《きびのまきび》といった藤原政権下では日の目を見なかった人々であり、彼らは明確な反藤原路線をとった。

これに対し、藤原宇合の子・広嗣《ひろつぐ》は強い不満をいだき、九州でのろしを上げ、玄昉と吉備真備の〝失政〟を責め、〝朝廷の乱人〟と罵《ののし》り、排斥するよう朝廷に求める。

しかし、聖武はこれを無視、広嗣は九州の地で処刑される。藤原一族の没落はこの事件で決定的となった。

ところで、このころ聖武天皇は、いくつかの謎の行動を繰り返している。たとえば、九州で広嗣が反乱を起こすと、聖武は時期の悪いことを知っているが、どうしても行かねばならぬといって、突然、関東行幸を思い立ち、しかも都城・平城京から出たきり、何年にもわたって遷都を繰り返し、あてどもない彷徨《ほうこう》をつづけたのであった。さらに、平城京に戻った聖武は、東大寺という無用の長物を建立している。このような聖武の行動から、ノイローゼ説が出る始末で、通説も聖武の奇行を、藤原と反藤原の激しい政争に翻弄《ほんろう》された結果ととらえ、聖武に対する評価はけっして高くはないのである。

このような聖武の行動の裏には、これまで語られることのなかった鬼と聖武の密約があったのだが、通説に対する反論はのちにふれるとして、少なくともこれだけはいえるであろう。すなわち、藤原の子として期待された聖武であったが、いざ藤原の権勢が衰えると、反藤原勢力に鞍替《くらが》えしたということである。これが節操のない行動であるかどうかは別として、鬼を滅ぼして日本での生き残りを夢見ていた藤原一族にとって、期待を裏切った聖武の存在は許せなかったにちがいない。

事実、天皇家と藤原の関係は、このあたりから微妙に変化してゆくのだが、聖武天皇の藤原氏に対する反抗も、やがて武智麻呂の子仲麻呂の急速な台頭によって幕を閉じることとなる。

反藤原勢力を抑え、巻き返しに成功した仲麻呂は、反藤原派の玄昉を左遷させるだけではおさまらず、結局、聖武を皇位から引きずり下ろすのであった。そして、このとき即位したのが、聖武の娘・孝謙《こうけん》（のちに重祚《ちようそ》して称徳）天皇だったのである。

孝謙は反藤原の巨頭・吉備真備を師と仰ぐほどであったから、仲麻呂はこの女帝を信じていたわけではなく、孝謙女帝――太政官《だいじようかん》という本来の政治システムを骨抜きにするために、不比等の娘で皇太后の光明子《こうみようし》のもとに紫微中台《しびちゆうだい》という新たな官職を創作し、太政官の役人に紫微中台の官人を兼任させ、さらに太政官が管理していた天皇御璽《ぎよじ》を奪いとることで、実質的な権力を牛耳《じゆうじ》る細工を完成させたのである。

そして、仲麻呂の専横を決定づけたのは、なんといっても、橘諸兄の子・奈良麻《なら ま》呂《ろ》を中心とする反藤原派の謀反《むほん》未遂事件である。

仲麻呂を殺し、光明子がもっていた天皇御璽を奪い返そうと画策した奈良麻呂らであったが、乱は未然に仲麻呂の知るところとなり、首謀者は芋《いも》づる式に捕らえられ、処刑、流罪《るざい》に処された者四百人近くという大事件に発展したのだった。

仲麻呂にとって好都合だったのは、この事件で、反藤原派を一網打尽《いちもうだじん》に一掃できたことである。

▼藤原仲麻呂（恵美押勝）の過ち

こうして藤原氏の復活をなし遂げ、確固たる地盤を形成した仲麻呂は、孝謙天皇さえ皇位から引きずり下ろし、大炊王《おおいおう》を即位させる。これが淳仁《じゅんにん》天皇であった。

仲麻呂の長男が死んだのちに、その長男の妻をあてがわれた大炊王は、仲麻呂の邸宅で暮らしていたから、半ば仲麻呂の養子のような人物であった。仲麻呂の強引ともいえる手腕によって即位できた淳仁は、完璧《かんぺき》に仲麻呂のロボットであった。

ここに仲麻呂は、祖父不比等をも凌《しの》ぐ絶大な権力を握ったのである。

ただし、政局はこれで安定したわけではなかった。さらにもう一度どんでん返しが待っていた。

藤原の傀儡《かいらい》・淳仁天皇を即位させた時点で、仲麻呂の勝利は決定的であった。しかし、意外なところに落とし穴が隠されていたのである。

たとえば、仲麻呂は天皇御璽印の代用に自家の印（恵美《えみ》家印）を用いることを許され、つまるところ仲麻呂の独裁を公認させる暴挙に出、さらに、自分の子三人を参議に加え、一家四人で政局を牛耳《ぎゅうじ》るという極端な議政官《ぎせいかん》人事を行なった。このことは、同じ藤原一門内にも不満を生むきっかけをつくってしまったのである。

しかも、淳仁天皇と孝謙上皇の不仲はいかんともしがたく、ついに朝堂《ちょうどう》を二分する勢力争いへと発展していったから、仲麻呂の一人勝ちを危険視する藤原一族まで孝謙側に回り、仲麻呂はしだいに孤立していったのである。

結局、追いつめられた仲麻呂は蜂起《ほうき》するが、吉備真備を参謀とする朝廷軍に敗れ、近江《おうみ》の地に散ったのである。これがいわゆる恵美押勝《おしかつ》の乱であった（藤原仲麻呂は淳仁天皇が即位した直後、恵美押勝と名を改めていた）。

乱に勝利した孝謙上皇は、重祚して称徳天皇と

聖武・淳仁略系図

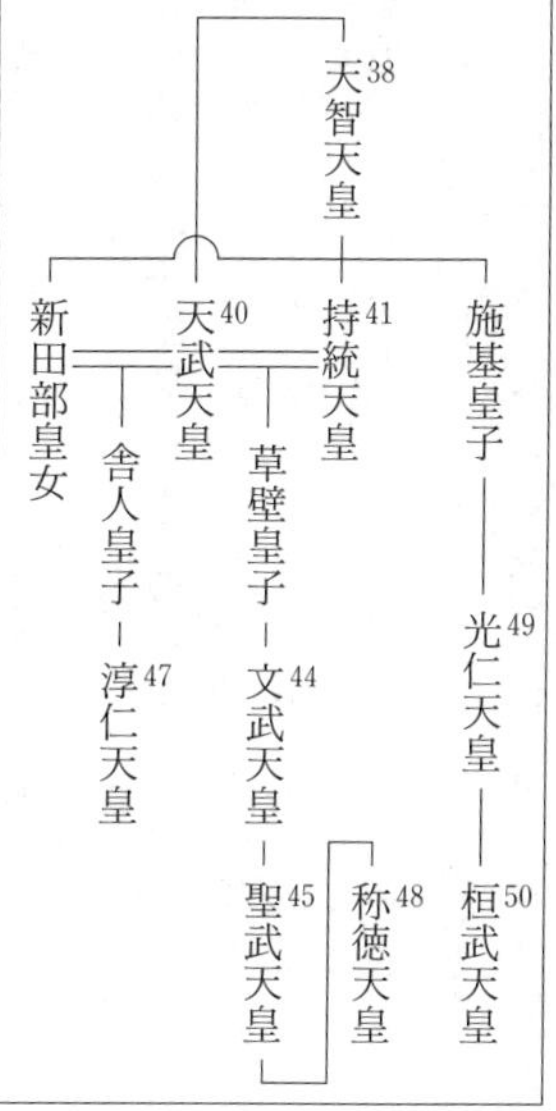

なり、先述したように、弓削道鏡を抜擢《ばってき》していったのである。

▼奈良時代の明確な二本のライン

宇佐八幡託宣《たくせん》事件や鬼と天皇の真の関係を知るために、藤原氏の歴史にこれだけこだわったのは、いくつかの理由がある。

まず第一に、ヤマトの本来の〝神〟の一族が物部や蘇我であったにもかかわらず、この系譜を抹殺し、〝神の子＝天皇〟を創作したのが藤原氏であったとすれば、神から鬼に蹴落《けお》とされた者どもが、権力者となった藤原に対し、どのような対抗策をとったのかを知りたかったためである。

そして第二に、もし仮に鬼どもが道鏡擁立《どうきょう》というかたちで動いたのだとすれば、神の子・天皇家は、なぜ鬼の動きに同調したのか、その理由を知りたかったためである。

では、藤原氏の正体と行動を探ってみて、これらの謎は解けたのであろうか。

そこでもう一度、入鹿から称徳にいたるまでの歴史の流れを振り返ってみよう。

入鹿の暗殺によって、雄略《ゆうりゃく》以来つづいた天皇家の独裁指向と親百済政策を継承した天智は、百済王子・豊璋《ほうしょう》（中臣鎌足）とともに百済復興を目ざした。

しかし、これに失敗した天智は近江に都を移し、態勢の立てなおしをはかるも、夢半ばで崩御、これに代わって天下を取ったのは、天智の政策と対立していた天武であった。天武は、天智によって追い落とされた鬼を味方につけることで、新たな王朝を築き、鬼の国・新羅との国交を樹立したのであった。しかし、天武の目論《もくろ》みは天智の娘・持統と、鎌足の息子・不比等の出現で破れ去り、ここから歴史のうねりは二転三転してゆくのである。

百済王家の末裔《まつえい》・藤原不比等は律令《りつりょう》を整備し、この法制度を支配するだけでなく、天皇家の外戚となることで、不動の地位を得ようとした。しかし、不比等の死後、四人の子が天然痘で急死し、順調だった日本乗っ取り計画は破綻《はたん》した。期待の星・聖武天皇が、あろうことか反藤原派に与《くみ》してしまったからである。仲麻呂はこれに反発し、傀儡《かいらい》の淳仁を立て再び藤原の世を築くも、聖武の娘・孝謙上皇（称徳天皇）によって滅ぼされ、称徳は鬼の一族・物部の道鏡を天皇に擁立しようとしたのであった。

結局、称徳天皇の願いは果たされず、称徳天皇の死後、天武系王朝にほとほと疲れ果てた藤原氏は、天智

▲聖武天皇画像

系の光仁《こうにん》、桓武《かんむ》天皇を擁立し、大和《やまと》の地を捨て、平安京に遷都したのである――。

さて、こうして見てくると、奈良時代の鬼と藤原氏の闘争には、明確な二本のラインが存在していたことがわかる。反藤原の天武――聖武――称徳と、親藤原の天智――持統――淳仁の二つである。

問題は、藤原の子として期待された聖武や称徳が、なぜ反藤原派に転向してしまったのか、ということなのである。藤原勢力の滅亡による反藤原派の台頭におとなしく従っただけではないことは、称徳の行動を見れば明らかであろう。この親子は、強烈な意志をもって藤原権力と対決していたのである。

▼反藤原を宣言していた聖武天皇

この謎に対する明確な答えについては、他の拙著のなかで述べていることなので、要点だけをまとめておきたい。

聖武天皇は、藤原四兄弟の死がなければ、不比等の描いたとおり、藤原の子として従順な傀儡の天皇で終わっていたであろう。しかし、反藤原派が実権を握った時点で聖武は豹変《ひょうへん》する。聖武は〝天武王朝の歴史〟を知ってしまったようなのだ。

すなわち、天智や鎌足の強引な手法に天武が立ちはだかり、民衆や豪族がこれを熱狂的に支持していたこと、持統、不比等の登場で、天武王朝は実質的に滅びてしまったこと、聖武が不比等の野望を完成させるためのロボットであったことを、玄昉《げんぼう》や吉備真備《きびのまきび》らが暴露した気配がある。というのも、こののちの聖武の行動が、まさに天武を意識していたとしか思えないものばかりだからである。

たとえば、九州の地で藤原広嗣が乱を起こすと、聖武は謎の関東行幸に出かけ、平城京から逃げ出すが、その足跡《そくせき》を追ってゆくと、天武の壬申《じんしん》の乱の東国行きをほぼなぞっていること、美濃《みの》の関ヶ原から近江《おうみ》に向かう途次《とじ》、壬申の乱の古戦場に滞在したが、謎とされてきたこの奇行にさえ、重要なメッセージが込められていたと考えるべきである。

▲吉備真備画像（吉備寺蔵）

　すなわち聖武は、もう一度壬申の乱を起こしてもよいのだぞ、と藤原氏を脅《おど》していたのであり、これは、藤原の傀儡であることを拒絶する意思表明であろう。

さらに、聖武と天武を強く結びつけるのは、〝五節田舞い《ごせちたのまい》〟である。

この舞いは、天武が創作したものとされ、聖武はこれを娘・阿倍《あべ》皇女に舞わせ、天下太平のために欠かすことのできぬたいせつな行事として大いに喧伝《けんでん》し、以後かならず伝えてゆくようにと命じたのである。

問題は、この天武の〝五節田舞い〟が、〝不改常典《ふかいのじょうてん》〟に対抗して語られている点にある。不改常典とは、藤原不比等が聖武を即位させるために、天智系の中継ぎ女帝を生む際、その正当性を訴えるために考えついた方便で、その内容は定かではないが、天智天皇の定めた皇位継承法であるとされている。不比等はことあるたびに、〝不改常典〟という天智のお墨付《すみつ》きを利用したわけだが、不改常典にまつわる話と、五節田舞いにまつわる話の文面はほぼ同一であり、聖武の意図するところは明らかであった。

▼鬼の神社・宇佐八幡とつながった聖武

それだけではない。天武が蘇我氏や吉野の鬼とつながっていったように、聖武も鬼とは密接な関係を保っていて、その例をいくつもあげることができる。

まず第一に、称徳天皇が宇佐八幡の神託を利用し、道鏡を即位させようとしたことはすでにふれたが、父聖武も東大寺建立のために宇佐の力を借りたのは、宇佐が鬼の地であったことと無縁ではあるまい。

『宇佐託宣集《たくせんしゅう》』には、宇佐八幡生誕にまつわる次のような説話が記録されていて、宇佐と鬼の強いつながりを暗示している。

その昔、豊前国《とよさきのくに》宇佐郡《うさのこおり》には、八つの頭をもった鍛冶《かじ》の翁《おきな》がいたという。翁に出会えばみな死んでしまうということなので、人々はなかなか近づこうとはしなかった。ところが、大神比義《おおがひぎ》なる人物が勇気を出して行ってみると、翁の姿はなく、金色に輝く鷹《たか》がいた。大神比義はこの鷹こそ神ではないかと疑い、その正体を見破ろうと、山中で三年間修行をすると、突然目の前に三歳の童子《どうじ》が現われ、

「辛国《からくに》の城に始めて八流の幡を天降して、吾は日本の神になれり」

と神託を下したというのである。これが宇佐八幡神の誕生であった。

さて、ここに登場する八つの頭をもった翁、三歳の童子が鬼であったことはあらためて述べるまでもあるまい。そして、〝辛国〟をカラ＝加羅（伽耶）と解せば、宇佐八幡神が鬼の国・伽耶と強いつながりがあったことになる。

これを裏づけるように、伽耶王子ツヌガアラシトが追ってきた童女は、難波《なにわ》から

西に向かって〝宇佐嶋〟にたどり着いていた。伽耶↓鬼↓宇佐のつながりは根が深そうである。

このように、宇佐八幡神宮が鬼だらけの神社であったことは間違いなく、『日本書紀』がこの神社を無視した理由も明らかになってくる。そして、聖武と称徳の親子がこの神社に信頼を寄せていた事実は、彼らと鬼の近さを雄弁に物語っているのである。

▼聖武天皇が鬼となった証拠

聖武と鬼を結びつける証拠はこれだけではない。

聖武朝で活躍した反藤原の風雲児、玄昉《げんぼう》や吉備真備《きびのまきび》も、また鬼であった。

玄昉の俗姓は阿刀《あと》氏で、この一族は、壬申《じんしん》の乱勃発時、数少ない天武近侍《きんじ》の舎人《とねり》の一人として活躍したが、阿刀氏の祖はニギハヤヒで物部の同族であり、しかも〝モノ（鬼）〟の一族であった。

吉備真備は、吉備の地方豪族であったが、この地方が伽耶《かや》色の強い土地柄であったことは、他の拙著のなかで述べたとおりである。桃太郎伝説がこの地を舞台に繰り広げられたのは、まさに、吉備が伽耶という鬼どもの王国だったからで、真備の血のなかにも伽耶の血が混じっていたと考えられるのである。

鬼に囲まれた帝《みかど》・聖武。藤原の子として〝無菌培養〟されたこの帝は、その純粋さゆえに、歴史の真実に目覚めたとき、藤原を許せなくなったのであろう。持統と藤原不比等《ふひと》二人の「合作の子」であることに誇りをもっていたであろう聖武は、このときから天武と藤原という敵対する双方の子である矛盾に苦しみ、藤原の傀儡《かいらい》であることを拒絶してゆくのである。そして、天武の子として生きる決心を固め、聖武が選んだのは、鬼の帝になることではなかったか。

そう思う理由の一つは、聖武最大の業績である東大寺建立も、やはり鬼と強い関係でつながっていたからである。

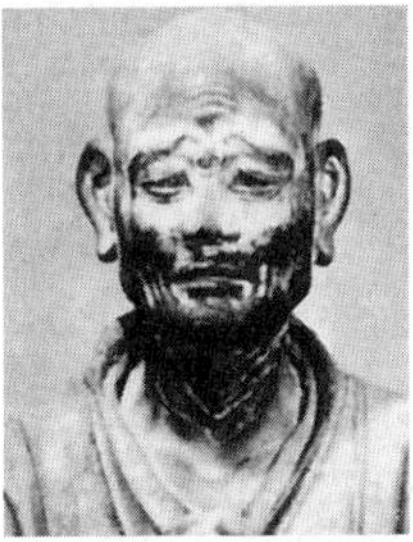
▲玄昉坐像

教科書的にいえば、奈良時代の仏教は朝廷により管理された国家鎮護の要素が強かったということになる。たしかにそのとおりだが、その象徴的寺院・東大寺には、このような月並みな表現では理解できないもう一つの側面がある。

『続日本紀』によれば、聖武が巨大な仏（盧舎那仏《るしゃなぶつ》）を建立《こんりゅう》しようと思い立ったきっかけは、河内《かわち》の国の智識《ちしき》寺を見て感動したからだという。この智識寺とは、国や豪族の財力による一般の寺院とは異なり、全国の智識とよばれる有志らの協力を仰ぐことで建立されたものであった。聖武はその主旨に感動したのである。

ここで、聖武は巨大な〝智識寺〟東大寺建立を決意し、全国の有志を募《つの》るための大役を、当時の民衆から熱狂的支持を受けつつあった行基《ぎょうき》にゆだねたのであった。

じつは、この聖武の選んだ行基こそ、古代の鬼と中世の鬼をつなぐ重要な役割を果たした鬼であった可能性が強いのである。

▼鬼僧・行基の活躍

そこで聖武と鬼の真の関係を知るために、少し行基について考えてみたい。

行基は晩年、仏教界の最高位、大僧正《だいそうじょう》にまでかけのぼるが、当初、朝廷は彼を徹底的に弾圧していた。

平城遷都から七年後の養老元年（七一七）四月、行基に対する最初の禁圧が加えられている。『続日本紀』は、

「官職を設け優秀な人材を登用するのは、愚民を教え導くためであり、法や制度を整備するのは、悪事を禁断するためだ」

としたうえで、僧尼《そうに》を統制するための話を記録している。

「近頃、百姓《ひゃくせい》たちは法律に反《そむ》き、好き勝手に頭を丸め僧服を着ている。外見は僧侶《そうりょ》に似ているが、心に盗人《ぬすっと》の気持ちをいだくから偽《いつわ》りを生むのであり、邪心が起こるのである。僧尼は本来、寺で静かに教えを受け道を伝えるものだ。乞食《こつじき》する者がいるならば正式な届け出をすませたうえで、午前中に托鉢《たくはつ》して食物を乞《こ》え。食物以外は禁止する」

として、いよいよ行基を名指しで責めている。

「まさにいま、〝小僧〟行基と弟子どもは、巷《ちまた》に群れ集まり、みだりに因果応報、輪廻転生《りんねてんしょう》を説き、徒党を組んで、指に火をつけ臂《ひじ》の皮をはいで写経《しゃきょう》し、家を訪ねでたらめな説法をしては物を乞い、偽って聖道と称して百姓を惑《まど》わしている。この結果、僧も民衆も乱れ騒ぎ、人々は仕事をしようともしない。釈尊《しゃくそん》の教えに反き、一方で法を破っている」

というのである。

しかし、朝廷の脅迫に屈するような行基ではなかった。彼らは集団化し逆に朝廷を脅《おびや》かす勢力へとのし上がっていったのである。

天平二年（七三〇）九月二十九日、朝廷はたまりか

▲行基坐像

ねて次のようにいう。

「平城京の東側の山に多くの人々を集めて妖言《ようげん》して人々を惑わす集団がある。多いときには一万人、少ないときでも数千人もいる。これは深く法に違反している。もしこれからも取り締まることなく逡巡《しゅんじゅん》していては害となるであろう。今後はそのようなことがないように」

多いときで一万人、少なくとも数千人が平城京を見下ろす高台で徒党を組むさまは異様な光景である。

▼〝モノ〟との共闘を選んだ聖武天皇

朝廷が行基の集団を弾圧したのは、たんに信徒の数がふくれ上がったという理由だけではない。行基らの集団が奈良王朝の根本・律令制度を否定するかのような行動をとっていたからであった。

律令が民衆の定住、農地を耕すことを前提につくられ、彼らを〝良民〟と称し、非定着民を良民の範疇《はんちゅう》からふるい落としたことはすでにふれたが、行基らの集団こそ、まさに律令の精神を裏切る人々なのであった。

重い税や労役にあえぎ、また苦しみながらも税を都に運ぶ人々のために、行基は各地に橋を架《か》け布施《ふせ》屋とよばれる救護所をつくり、布教に努めたのであった。

当然、民衆の支持は高まり、ついには、行基の集団は、朝廷にとって無視できぬ存在となっていった。律令国家の貴重な〝資源〟である良民たちは、勝手に僧形《そうぎょう》（優婆塞《うばそく》）となり、農地を捨て漂泊《ひょうはく》するようになっていったからである。

朝廷公認の正式な僧であれば、納税の義務は免除されるが、私度僧《しどそう》はそのかぎりではなく、彼らの僧形と漂泊は、朝廷に対する反抗とみなされていくことになる。つまり、彼らの運動が無限に広がれば、律令の根本どころか、国家自体が消滅しかねないほどの重大事だったのである。いわば、中世無縁の人々の発生はここに求められるかもしれない。

ところが、ある時点を転機に、朝廷の行基らに対する態度は、逆転してしまうのである。

『続日本紀』天平十三年（七四一）冬十月の条には、奈良の北方木津《きづ》に橋を架けるのに、畿内《きない》と諸国の優婆塞たちを召集し使役したとあり、そこで、彼ら七百五人をすべて正式に僧として認めよう、という記述がある。

この記事が、天平十二年の広嗣の乱と聖武天皇の関東行幸の翌年であることは注目に値しよう。反藤原を表明し、実権を握った聖武政権が、それまで弾圧していた行基らの活動を、逆に利用しようとしたことは明らかである。

さらに天平十五年（七四三）十月には、

「皇帝紫香楽宮《しがらきのみや》に御《おは》しまして、盧舎那《るしゃな》の仏像を造り奉《まつ》らむが為《ため》に始めて寺の地を開きたまふ。是《ここ》に行基法師、弟子等《ども》を率《ひき》ゐて衆庶《もろもろ》を勧め誘《みちび》く」

とあって、聖武天皇は、大仏を建立するために紫香楽宮に土地を用意し、行基は弟子たちを率いて、人々にすすめ導いた、というのである。

藤原を捨て、鬼を選んだ聖武天皇。

五世紀、雄略《ゆうりやく》天皇の登場にはじまった天皇家と〝モノ〟の一族の歴史は、七世紀に藤原氏の出現によって大きな曲がり角を迎えた。

一党独裁を目論《もくろ》む藤原氏に反発した天皇家は、ここにいたり〝モノ〟の一族との共闘を選んだことになる。

問題はこの転機が、〝モノ〟の一族や集団にも変化をもたらしていたことであった。

物部氏や蘇我氏といった〝モノ〟を代表する大豪族が衰弱し、野《や》に下り潜伏していったことによって、〝モノ〟の闘争は民衆を巻き込んで新たな運動がはじまったと考えられる。そして、この画期的な潮流をつくり出したのが行基だったのである。

▼鬼の山・葛城と天皇家の対立

聖武天皇と鬼どもがつくり出した新たな潮流。その真意を知るためのキーワードは、鬼の山・葛城《かつらぎ》である。

葛城と天皇家の歴史には一つの法則のようなものがあって、独裁指向や親百済《くだら》政策、すなわち私見における二つの日本をつくっていた片割れの天皇家とはすこぶる仲が悪い、ということなのである。そして、このことが、行基と聖武の関係に大きなヒントを与えている。

そこで、この葛城と天皇家をめぐる法則の例をいくつかあげてみよう。

時代は五世紀にさかのぼる。独裁指向を目ざした雄略天皇は、多くの皇族を殺し皇位を簒奪《さんだつ》するが、その過程で時の権力者・円大臣《つぶらのおおみ》を殺害していたことはすでにふれたところだ。円大臣は蘇我系葛城氏であり、名にあるとおり葛城に地盤をもった一族であった。

こののち、雄略天皇は葛城山とは深い因縁でつながってゆく。

葛城に狩猟に出かけた雄略は、天皇一行とまったくそっくりな隊列に出くわす。名を問えば、葛城山の神・一言主神《ひとことぬしのかみ》であるという。まるで天皇に対抗するかのような勢いに怒った雄略は、神を土佐《とさ》の国に流竄《りゅうざん》する。〝葛城〟受難のはじまりであった。

七世紀、蘇我氏は天皇家を蔑《ないがし》ろにし、中国では皇帝にのみ許された〝八佾舞《やつらのま》い〟をして朝廷を刺激した。この八佾舞いの行なわれたのが、葛城山の高宮《たかみや》であったとされている。蘇我氏の地盤は飛鳥《あすか》であったが、彼らは本貫《ほんがん》が葛城であったと主張している。この直後、蘇我入鹿は天智や鎌足に殺される。入鹿の霊魂が葛城山から飛び立ったとされるのも、理由のないことではなかったらしい。

ちなみに、蘇我入鹿滅亡に際し、最後まで蘇我を守ろうとしたことで知られる東漢《やまとのあや》氏は、壬申の乱に際し天武の武力として活躍しているが、彼らは鬼の国伽耶《かや》の小国・安耶《あや》(安羅《あら》)出身と考えられる。彼らの本拠地もまた、飛鳥檜隈《ひのくま》から葛城にかけての地域であった。

さて、天武天皇は壬申の乱の直前、吉野に逃れるが、ここで天武を守った鬼が役《えんの》小角《おづぬ》とされている。この伝承が事実かどうか確かめるすべはないのだが、文武二年(六九八)に伊豆に流されてしまった役小角が、少なくとも天武天皇の時代には、朝廷から認められていたらしいことは、

「初め小角、葛木山《かつらぎのやま》に住みて、呪術《じゅじゅつ》を以《もっ》て称《ほ》めらる」

と、『続日本紀』にあることで明らかであろう。役小角は持統の登場によって、危険視されていった可能性は高いのである。

　役小角という修験道《しゅげんどう》の祖が、いったい何者であったのかは定説となるものはない。しかし、葛城を根城《ねじろ》に活躍していたこと、土着の賀茂《かも》氏と強い関係で結ばれていたことは確かであろう。この賀茂氏は、大物主神の末裔《まつえい》で、三輪氏と同族、物部氏の遠縁に当たっていることを忘れてはなるまい。

▲役小角画像

　ところで、役小角は鬼神を自在に操った鬼の親分であったが、この葛城の修験道は、神道、道教、仏教などが渾然《こんぜん》一体となって成立した宗教で、国家が管理していたわけでもなく、自然発生的に雑草のような力強さで長い間日本に多大な影響を及ぼしてゆくのである。それはまるで、藤原氏によって抹殺された真の神々の呪《のろ》いのようで、あるいは藤原の築いた苛酷《かこく》な律令制度に対する民衆の怨嗟《えんさ》の声が、そのまま神に乗り移ったかのようなおどろおどろしさを感じさせる宗教でもある。

行基が受戒したのは、この葛城の高宮《たかみや》寺で、道鏡《どうきょう》もこの地で修行、禅行していたとされ、あるいは玄昉もこの流れを汲《く》むのかもしれない。ちなみに、葛城の〝高宮〟は蘇我氏が八佾舞いをし、祖廟《そびょう》をつくった場所で、いわば、高宮は葛城の鬼の故郷であり、この地で行基が修行し受戒した意味は大きい。

このような鬼の城で修行した彼らに共通するのは強力な呪験《じゅげん》力であり、この魔力を駆使し、行基は民衆を動かし、玄昉、道鏡は権力に近づこうとした。藤原という権力が彼らを警戒したのは当然であったし、つまり、葛城でつながる彼らは、時に権力から弾圧され、権力と闘いつづけたという共通点がある。

▼鬼が権力者から天皇家を守った!?

こうして見てくれば、〝葛城〟が明確な意志をもって雄略的な天皇家と対立し、藤原氏と対峙《たいじ》したことが判明するのである。

そして、聖武が大抜擢《だいばってき》した行基が、鬼の山・葛城で修行を積んだこと、また同じように、一度は権力の座から引きずり下ろされた物部の末裔・道鏡が葛城を経て復活したことに、深い意味が隠されていたのである。

民衆は行基の教えに従い、みずからも漂泊することで、藤原律令体制に反旗を翻《ひるがえ》したのであろう。彼らの活動は、やがて朝廷を震撼《しんかん》させるほどの力をもっていったのである。

一方、藤原政権に反発するもう一つの鬼・物部は、権力中枢にもぐり込むことで、野望を達成しようとした。彼らの呪験力は、やがて宮中で華《はな》開き、道鏡は称徳天皇の病気を治すことで信頼を得、権力の頂点にのぼりつめていったのであった。

聖武が、行基、玄昉、吉備真備という鬼を選んで東大寺を建立し、娘の称徳が道鏡を引き立てたのは、鬼どものつくり上げた反藤原、反権力という大きな潮流を利用したいがためであっただろう。鬼を擁立しようとした宇佐八幡託宣事件の真相は、ほぼこの図式で解明できるはずである。

ただし、聖武や称徳の目論みや、玄昉や道鏡といった物部の末裔の野望は、藤原の壁を乗り越えることなく、失敗し潰《つい》え去る。

しかし、権力と対峙し、身を守るすべを鬼に求めた聖武の発想や、葛城で芽生えた新たな鬼の潮流は、こののちの歴史に重大な影響を落としていったのではあるまいか。すなわち、永続する天皇家を、この鬼たちがつくったのではないか、という疑いである。

藤原は天皇家の外戚になることで権力を得たのだから、彼らに天皇位をねらう意志はなかったと一般には考えられている。しかし、藤原の子・聖武や称徳の暴走は、彼らに危機感をもたらしたはずである。仮に帝が藤原の子であっても、藤原氏の力が衰えれば、帝は他の勢力に利用されていくこと、天皇が意志をもったとき、藤原には手に負えなくなる場面もありうることを、身をもって思い知らされたからである。

藤原には、百済の地を少数民族で支配していたという経験がある（百済王家は韓族ではなく、北方騎馬民族出身）。したがって、彼らの脳裏に、権力をともなった王権をもぎとりたいという願望がまったくなかったといえばうそになろう。

藤原仲麻呂が、大炊《おおい》王（のちの淳仁天皇）を養子のようにして自宅に囲い即位させたことは、藤原の本心を表わしている。あわよくば、彼らは王権をねらおうとしたであろう。なにしろ天皇に神の子としての権威を備えさせたのは藤原自身であり、この幻想を壊すことぐらいなんの抵抗もなかったはずである。

また、不比等のつくった律令に、天皇が天皇たる資格について、まったくふれていないことも、注意しておかなくてはなるまい。たとえば、不比等の娘・光明子《こうみょうし》（のちの光明皇后）が、皇族ではないにもかかわらず皇后になれたのは、皇后についての資格の記述が律令から欠如《けつじょ》していたからで、その正当性を〝皇太子を産んだから〟という目を疑いたくなるような理由に求めている。明らかに藤原のごり押しであり、勝手な法解釈であった。

▲光明子画像　聖武天皇の皇后

とすれば、皇太子を産んだ母なら、天皇となってもおかしくはなかったし、事実光明子は、天皇と同等の扱いを受けている。

では、なぜ藤原氏は、みずからが権力をもった天皇になろうとしなかったのか。――鬼と天皇が思いもかけぬかたちで深い絆《きずな》をもち、鬼が権力者から天皇を守ったからではなかったか。

主をもたず漂泊し、律令の枠《わく》からはずれた鬼の末裔たちは、存在の正当性を天皇の権威に求めていった。もともと〝モノ＝神〟や仏に仕える者であった彼らは、藤原によって神に仕立て上げられた天皇を崇拝し神聖視する一方で、神や天皇に対する献納《けんのう》の権利を独占し、供御《くご》（天皇家の飲食物）を献上しつづけたのであった。

彼らは、鬼としてのプライドを捨てたわけではなかったであろう。神・天皇は、そのじつ、大嘗祭《だいじょうさい》や伊勢神宮、あるいは宮中で、鬼の主・大物主《おおものぬし》神や出雲神を最も重視していたのであり、国家の誕生日には、園《その》神、韓《から》神と称し、出雲の神、伽耶の神、双方の鬼を祀《まつ》っていたからである。

鬼を祀る神、鬼には頭が上がらぬ神、それが天皇であることを、鬼どもは見抜き、だからこそ奉仕したと考えられるのである。

そして、その見返りは、通行の自由、交易の権利の保障であった。物をつくり、これを売り捌《さば》くことを生業《なりわい》とした彼らのネットワークは広がり、やがて藤原氏や時の権力者たちにとって、無視できない存在となっていったのであった。

相手は定住せず実体がないのだから、権力者にとってはじつに厄介な輩《やから》であり、彼らが天皇のみを主としていったために、権力者の王権簒奪《さんだつ》の野望は、この闇《やみ》の社会が抑止したのであろう。

もちろん、この闇の社会、裏の王権を形づくる担い手となったのは、八世紀に野に下った〝モノ〟の一族物部氏であった。そして物部氏が大豪族としてのかたちを失ったのちも、彼らが守り抜いた土着の精神、縄文からつづく太古の記憶は、日本人の遺伝子にすり込まれ、誇り高く、またしたたかな鬼どもを輩出していったのであろう。

こうして鬼たちの手によって、つぶされることのない王権は生まれたのである。

そしてすでにふれたように、この王権のシステムは、〝循環する王権システム〟でもあった。すなわち、支配の建て前上のベクトルは、天皇→貴族（藤原氏）→良民（農耕民）→鬼（非農耕民）であり、鬼は最下層の被支配者でありながら、天皇という権威を守ることで、実際には闇、裏の世界からこの世を支配する者という逆説を生み出してしまったのである。

それはまるで、自然界を人間が支配しているようでいて、実際には極微小な生物やウイルスの前には無力なことにも似ているし、また一方で、万物に神は宿り、万物が流転《るてん》することなど、とうの昔にいったはずではないかと物部氏の始祖・大物主神に笑われているような気がしてならないのである。

おわりに

謡曲「三輪」には、奇妙な一節がある。

「思へば伊勢と三輪の神、思へば伊勢と三輪の神、一体分身の御事《おんこと》、今更《いまさら》何を磐座《いわくら》や」

つまり、天皇家の祖神で太陽神の伊勢の天照大神《あまてらすおおみかみ》と三輪《みわ》山の大物主神《おおものぬしのかみ》が、じつは同体であったことなど、なぜいまさらあらたまっていう必要があるのか、という〝荒唐無稽《こうとうむけい》〟な伝承を、能楽者たちは大真面目《まじめ》に語り継いできたことになる。

しかし、これをフィクションとして一笑に付すことができないのは、今日、地図上に現われた聖地と聖地を結ぶいくつもの正確な幾何学文様から、三輪山が太陽信仰のメッカであったことが実証されつつあるからである。

古代人は、三輪山を観測点にして、四季それぞれの日の出、日の入りを正しく観察していたらしいのである。

思えば、能狂言は、漂泊する民の芸能が発達したものとされている。彼らは好んで鬼を舞い、怨霊《おんりょう》の思いを語り継いできた歴史がある。すなわち、彼らこそ鬼の末裔《まつえい》であり、鬼の正体、無念をだれよりも深く知り抜いていた者どもなのである。

ここに物部《もののべ》という鬼の残した古代の息吹《いぶ》きを感じずにはいられない。そして、社会の裏側に潜伏した彼らの底知れぬ潜在力と深い歴史に、驚きを禁じえないのである。

あいまいな国の王権システムは、こうして鬼＝物部の実像を追うことで一つのヒントが得られたのではあるまいか。

もちろん、これで日本の正体を解き明かしたと断言するつもりはない。あくまでも一つの仮説であり、謎ばかりの古代史を解明するための試みにすぎない。しかし、あえてこのような〝暴論〟を吐くのは、自国の歴史がいまだもって謎のまま放置され、アイデンティティのありかを見つけられずにいる状況に、強いいらだちを覚えるからである。

われわれはどこから来て、どこへ行こうとしているのか。そろそろ答えを出さねばならぬ時期にきているのではあるまいか。

なお、いま思えば、〝鬼〟を書くにあたっては、じつに多くの方々から〝啓示《けいじ》〟を受けてきた気がしてならない。

鬼が何たるかを知らず、鬼にまったく興味がなかったこの私にヒントの数々を与えつづけてくださった方々、そして毎日新聞社の岩尾光代氏、狗道研究会の守屋弘、野崎正幸の両氏に、あらためて御礼申し上げます。

また今回も多くの助言をくださった歴史作家の梅澤恵美子氏、ならびにPHP研究所文庫出版部の平賀哲史氏、同『歴史街道』編集部の辰本清隆氏、ホソヤプランニングの細谷敏雄氏に、心から感謝を申し上げます。

合掌

二〇〇二年三月

関　裕二

《参考文献》

『古事記祝詞』日本古典文学大系（岩波書店）
『日本書紀』日本古典文学大系（岩波書店）
『風土記』日本古典文学大系（岩波書店）
『続日本紀』新日本古典文学大系（岩波書店）
『先代舊事本紀』大野七三（新人物往来社）
『魏志倭人伝』石原道博編訳（岩波書店）
『旧唐書倭国日本伝』石原道博編訳（岩波書店）
『神々の誕生』吉野裕子（岩波書店）
『鬼と天皇』大和岩雄（白水社）
『天武天皇出生の謎』大和岩雄（六興出版）
『鬼の研究』馬場あき子（三一書房）
『増補 無縁・公界・楽』網野善彦（平凡社）
『善光寺まいり』五来重（平凡社）
『古代日本正史』原田常治（同志社）
『大嘗祭』吉野裕子（弘文堂）
『白鳥伝説』谷川健一（集英社文庫）
『日本の神々』谷川健一編（白水社）
『弥生文化の成立』金関恕 他編（角川選書）
『鬼の日本史（上・下）』沢史生（彩流社）
『神々の体系』上山春平（中公新書）
『エミシ研究（改訂版）』田中勝也（新泉社）
『隠された十字架』梅原猛（新潮社）
『東国と大和王権』原島礼二・金井塚良一編（吉川弘文館）
『三輪流神道の研究』大神神社史料編修委員会編（大神神社社務所）
『「日本書紀」の暗号』林青梧（講談社）

この作品は、一九九八年一月にPHP研究所より刊行された『消された王権・物部氏の謎』を文庫化に際して加筆、再編集したものです。

〈写真協力〉唐松神社／吉備寺／興福寺／宗谷真爾／談山神社（多武峰縁起絵巻）／唐招提寺／東大寺／美保神社　（五十音順）

著者紹介
関　裕二（せき　ゆうじ）
1959年、千葉県柏市生まれ。歴史作家。仏教美術に魅せられて足繁く奈良に通い、日本古代史を研究。古代をテーマにした書籍を意欲的に執筆している。
著書に『沈黙する女王の鏡』（青春出版社）、『謎とき古代日本列島』（講談社）、『天武天皇　隠された正体』『封印された日本創世の真実』『検証 邪馬台国論争』（以上、KKベストセラーズ）、『古代史の秘密を握る人たち』（PHP文庫）などがある。

PHP文庫　消された王権・物部氏の謎
オニの系譜から解く古代史

2002年3月15日　第1版第1刷
2004年3月10日　第1版第6刷

著　者　関　裕二
発行者　江口克彦
発行所　PHP研究所
東京本部　〒102-8331　千代田区三番町3番地10
文庫出版部　☎03-3239-6259
普及一部　☎03-3239-6233
京都本部　〒601-8411　京都市南区西九条北ノ内町11
PHP INTERFACE　http://www.php.co.jp/
印刷所
製本所　図書印刷株式会社

ISBN4-569-57707-5